부동산 경매·명도 절차와
권리분석 공식 완전 정복

부동산
경매·명도 절차와
권리분석 공식
완전 정복

김규석 지음

한국경제신문*i*

드리고 싶은 말씀

부동산 경매의 꽃이라 하는 '권리분석'이 어렵다고 하시는 분들은 학창 시절에 어렵게 배웠던 수학과 같다고 생각하는 분들이 많습니다.

저도 처음에는 그랬습니다. 그래서 '권리분석'을 공식화시키면 재미날 것도 같고 해서 부동산 경매에 관한 것들을 하나씩 공부하고 관련 판례들도 읽어가면서 실전에서도 부딪쳐보기도 하면서, 그렇게 쌓아왔던 경매실력으로 강의를 하고, 학원도 운영하고, 이렇게 4번째, 5번째 책도 내고 하면서 어느덧 약 30년의 세월이 흘렀습니다.

"아는 것이 힘이다!"라는 만고의 진리로 부동산 경매에서 잘 알아두어야 하는 부분들은 민사집행법과 대법원판례에 근거하여 정리하였고, 특히 '권리분석'은 평소 제 자신이 안전하게 입찰을 보기 위하여 간단명

료하게 정리한 권리분석 공식에 의거하여 정리해두었기 때문에 경매초보자분들도 쉽게 이해하고, 이 책을 통해서 간접적으로나마 많은 실전경험을 쌓을 수 있도록 하였습니다.

그리고 오랜 동안 경매물건을 분석해온 저로서는 너무나 많은 임차인들이 임대차보호법을 몰라서 보증금 손해를 보는 것을 보아왔습니다. 이렇게 임대차보호법은 사회생활에서는 너무나 중요하고 필요한 법이지만, 평생 한 번도 제대로 교육받을 기회를 갖지 못하여 그저 주택임대차보호법과 상가건물임대차보호법이라는 법률의 이름만 아는 정도일 것입니다.

따라서 주택임대차보호법과 상가건물임대차보호법은 개인의 소중한 재산을 지키기 위해서 반드시 공부해두어야 합니다. 그렇지 않으면 고생고생하며 모은 재산을 지키지 못할 수도 있기 때문에 임대차보호법에 대해서도 권리분석과 배당사례를 넣어 각각의 법률을 잘 이해할 수 있도록 기술하였습니다.

그리고 금번에는《부동산 경매·명도 절차와 권리분석 공식 완전 정복》과《부동산 실전핵심 권리분석과 부실채권 배당 완전 정복》을 동시에 출판하게 됩니다.

《부동산 경매·명도 절차와 권리분석 공식 완전 정복》에서는 제1장 경매신청에서 매각준비까지, 제2장 입찰에서 소유권이전까지, 제3장 명도(인도) 성공하기, 제4장 상가건물임대차보호법 핵심정리, 제5장 부동산 경매로 물권 이해하기, 제6장 권리분석 공식 이해하기로 편성하였습니다.

《부동산 실전핵심 권리분석과 부실채권 배당 완전 정복》에서는 실전을 위주로 제1장 권리분석시 확인사항, 제2장 입찰과 낙찰에 성공하기, 제3장 주택임대차보호법 핵심정리, 제4장 실전 핵심 권리분석, 제5장 매각대금의 배당(배분)으로 편성하여 잘 정리해두었으니 많은 도움이 되리라 생각합니다.

이제, 저는 경매고수가 되시려는 분들께 두 가지 말씀을 꼭 드리고 싶습니다.
첫째, 경매의 고수가 되기 위해서는 '아는 것이 힘이다!'
둘째, 재테크를 위해서는 '내 재산 지키기가 먼저다!'

그리고 제가 운영하는 유튜브 방송인 '김샘의 부동산 경매'에서 다시 독자를 만나뵐 수 있을 것을 간절히 고대하겠습니다. 끝으로 이 책의 출판까지 많은 지원과 관심을 주시며 편집에 애써주신 두드림미디어 한성주 대표님과 우민정 팀장님께 감사드리며, 지금도 경매에서 성공하고 응원해주고 계시는 제자분들께도 감사드립니다.

김규석 드림

드리고 싶은 말씀   4

제1장
경매신청에서 매각준비까지

1. 강제경매와 임의경매   12
2. 매각(경매)절차   14
3. 매각방법   19
4. 매각(입찰)의 준비   21
5. 매각기일·매각결정기일의 통지 및 공고   24
6. 새매각과 재매각   26
7. 배당요구 및 배당요구종기일   28
8. 임차인의 권리신고와 배당요구신청   31
9. 매각일정의 변동   34
10. 매각절차의 취소사유   36
11. 경매신청의 취하   39

제2장
입찰에서 소유권이전까지

1. 채무자 등의 매수신청 금지   44
2. 입찰시 준비서류   46
3. 매각(입찰)의 실시   47
4. 입찰이 무효가 되는 경우   60
5. 매각허부결정 및 매각불허가 사유   62
6. 즉시항고   64
7. 매각대금의 납부   68
8. 상계 등의 특별한 대금납부 방법   70
9. 매각대금 미납시 법원의 조치   72
10. 소유권이전등기   74

제3장
명도(인도) 성공하기

1. 관리명령 및 인도명령   80
2. 짐(동산)만 남겨놓은 경우의 명도방법   90
3. 국군원조 요청   94
4. 경매에서 알면 도움이 되는 형법   96
5. 명도소송에 대하여   99

제4장
상가건물임대차보호법 핵심정리

1. 상가건물임대차보호법의 적용범위   104
2. 상가건물임대차보호법의 대항력   107
3. 지역별 한도 환산보증금 및 소액 환산보증금   110
4. 상가건물임대차보호법의 (최)우선변제권   112
5. 상가 임차인이 재계약을 원할 경우 계약갱신 요구   115
6. 차임증감청구권, 월차임전환시 산정률, 차임연체·해지   118
7. 상가건물임대차보호법상 권리금 관련   120
8. 상가건물임대차보호법상 임대차정보의 제공   124
9. 사업자등록시 유의사항   127

제5장
부동산 경매로 물권 이해하기

1. 물권과 채권   132
2. 물권의 종류   134
3. 전세권   137

4. 지상권   140

5. 구분지상권   144

6. 법정지상권   146

7. 법정지상권 성립요건   151

8. 관습상의 법정지상권   157

9. 분묘기지권   161

10. 수목의 법정지상권   164

11. 지역권   169

12. 저당권 및 근저당권   172

13. 유치권   175

14. 필요·유익비   184

제6장
권리분석 공식 이해하기

1. 권리의 순위정리 및 소액임차인 구분   192

2. 소멸권리 및 인수권리와 말소기준권리   195

3. 권리분석 공식   198

4. 용익물권의 특성과 인수되는 용익물권   200

5. 전세권과 주택·상가건물임대차보호법상 임차인 권리   202

6. 지상권의 소멸과 인수   204

7. 가압류   206

8. 가압류권자의 배당요구와 배당금지급   210

9. 가처분   212

10. 선순위 가처분등기가 있을 때의 권리분석   216

11. 가등기   218

12. 선순위 가등기가 있을 때의 권리분석   222

13. 예고등기   226

14. 환매등기   228

15. 선순위 환매등기가 있을 때의 권리분석   230

제1장.

경매신청에서
매각준비까지

법원의 강제경매나 임의경매는 채권자가 채무자의 재산을 경매를 통하여 제3자에게 처분하여 그 매각대금으로 자신의 채권을 회수하는 것이며, 강제경매와 임의경매는 실질적으로 경매신청절차에서만 차이가 있고, 경매를 집행함에 있어서는 민사집행법에 의해 이루어진다는 점에서는 차이가 없다.

강제경매

강제경매는 채무자가 대여금 혹은 물품대금 등을 약속한 날짜에 갚지 않을 때 채권자는 이를 변제받기 위하여 소송을 제기하여 법원으로부터 집행권원(*결정문, 명령문 등과 같은 판결문, 확정판결과 동일한 효력을 가지는 조서, 채무자가 집행수락을 기재한 공정증서 등)을 확보한 채권자가 자신의 채권을 회수할 목적으로 경매를 신청한 것이다.

임의경매

임의경매는 저당권 등의 담보권을 가진 채권자에게 채무자가 채무를 변제하지 않으면 강제경매와는 달리 집행권원을 구하는 별도의 재판 없이 담보권자가 담보권실행을 위해 법원에 경매를 신청한 것인데, 법원은 등기부등본으로 담보권의 존재만 확인하고 결정함으로써 경매가

진행된다.

매각절차도

1. 경매신청 및 경매개시결정	2. 배당요구의 종기결정 및 공고	3. 매각의 준비
① 경매비용예납 ② 경매개시결정, 촉탁등기 ③ 압류효력의 발생 ④ 경매개시결정의 송달	① 이해관계인의 채권신고, 배당요구 ② 공과관청에 대한 교부청구 최고	① 집행관의 현황조사 ② 감정평가사의 감정평가
4. 매각기일과 매각결정기일의 지정, 통지 및 공고	5. 매각(입찰)의 실시	6. 매각허부 결정 및 항고
① 이해관계인에 대한 통지 ② 일간신문 공고(*매각 14일 전) ③ 법원기록열람(*매각 7일 전)	① 경매일정 변동 확인 ② 입찰개시 및 입찰표제출 ③ 입찰마감 및 개찰 *유찰시 새매각(신경매)	① 매각허부결정 선고 ② 즉시항고 및 재항고 ③ 대금납부기한일 지정 *불허가시 새매각
7. 매각대금의 납부 및 소유권이전 등기 등의 촉탁	8. 부동산 인도 및 명도소송	9. 배당
① 대금납부(*소유권 취득) ② 소유권이전등기 *대금미납시 재매각(재경매)	① 인도명령신청 ② 명도소송 ③ 인도집행	① 배당표작성 ② 배당실시 ③ 경매종료

> ### 집행비용의 예납
> 경매신청을 하는 때에는 채권자는 민사집행에 필요한 비용(*부동산의 현황조사비, 감정비, 광고비, 송달료, 집행관 수수료 등에 드는 비용으로 집행비용은 매각되면 최우선적으로 배당받음)에 대한 대략의 계산액을 미리 납부하여야 한다.

경매개시결정

강제경매신청서가 접수되면 통상 3일 이내에 집행법원은 신청서의 기재 사항과 첨부서류에 의하여 강제집행의 요건, 집행개시요건 등에 관하여 형식적 심사(*보통 서면에 의한 심리)를 하여, 신청이 적법하다고 인정되면 강제경매개시결정을 한다.

임의경매신청서가 접수된 경우 집행법원은 임의경매에 필요한 요건에 관하여 심사를 한 후 그 신청이 적법하다고 인정되면 임의경매개시결정을 한다.

강제경매·임의경매 개시결정등기

법원이 경매개시결정을 하면 법원사무관 등은 즉시 그 사유를 등기부에 기입하도록 등기관에게 촉탁하여야 하며, 이때 등기관은 경매개시결정사유를 기입하여야 한다.

보통 경매개시결정등기는 경매신청 접수 후 2주일 이내에 경료하고, 등기관은 경매개시결정사유를 등기부에 기입한 후 그 등기부등본을 법원에 송부하여야 한다.

> **경매개시결정 기입등기 후에 부동산에 관한 저당권을 취득한 자의 경매절차상의 지위**(대판 1994. 9. 13 선고 94마1342 [가])
>
> 담보권 실행을 목적으로 하는 부동산 경매에 있어서 경매개시결정 기입등기 후에 그 부동산에 관하여 저당권을 취득한 자가 있다고 하여도 경매법원으로서는 이러한 사실을 알 수 없으므로 그 자는 민사소송법 제728조에 의하여 준용되는 제607조 제3호 소정의 이해관계인인 "등기부에 기입된 부동산 위의 권리자"가 아니고, 다만 그가 경매법원에 그러한 사실을 증명한 때에는 같은 조 제4호 소정의 이해관계인인 "부동산 위의 권리자로서 그 사실을 증명한 자"에 해당한다.

경매개시결정 송달

"압류는 채무자에게 그 결정이 송달된 때 또는 경매개시결정등기가 된 때에 효력이 생긴다"고 했으므로 채무자에 대한 경매개시결정의 송달은 경매절차 진행의 적법유효 요건이기 때문에 경매개시결정정본을 채무자에게 송달하여야 한다.

임의경매의 경우에는 소유자에게도 송달하여야 하나, 실무상은 대개의 경우 소유자와 채무자 모두에게 송달하고 있다. 그러나 채권자에 대해서도 경매개시결정정본을 송달(*또는 매각기일의 통지)하여야 하지만 송달하지 않고 경매를 진행하여도 경매절차상의 하자로 보지 않는다.

경매개시결정등기(*압류)의 목적

이 등기의 목적은 제3자에 대하여 그 부동산에 관하여 압류가 되었다
는 것을 공시함으로써 제3자로 하여금 그 등기 이후에 권리를 취득하
더라도 경매신청인이나 매수인에게 대항할 수 없도록 하기 위함이다.

경매개시결정등기 후의 권리들에 대한 이해

경매개시결정등기 후의 지상권, 전세권, 지역권, 임차권등기, 소유권이
전등기, 가등기, 가처분등기 등은 매수인에게 대항할 수 없으며 말소의
대상이 되며, 경매개시결정등기 후에 주택인도와 주민등록을 마친 임
차인도 매수인에게 대항할 수 없다.

매각절차상의 이해관계인(민사집행법 제90조)

• 채무자 및 소유자
• 공유물의 지분경매시 공유자
• 압류채권자와 집행력 있는 정본에 의하여 배당을 요구한 채권자
• 등기부에 기입된 부동산 위의 권리자 : 경매개시결정등기시에 이미
등기가 되어 등기부에 나타난 자로서 (근)저당권자, 전세권자, 임차권

자, 지상권자, (근)저당채권의 질권자와 보전가등기권자(소유권이전청구권 가등기권자), 담보가등기권자(소유권이전담보가등기권자)

• 부동산 위의 권리자로서 그 권리를 증명한 사람 : 경매개시결정등기 전에 경매목적부동산에 대하여 등기 없이도 제3자에게 대항할 수 있는 물권 또는 채권을 가진 법정지상권자, 유치권자, 점유권자, 특수지역권 자, 건물등기 있는 토지임차인, 대항요건을 갖춘 임차인 등으로서 집행 법원에 그 권리를 신고한 자

이해관계인인 것 같으나 이해관계인이 아닌 자

가압류권자, 가처분권자, 명의신탁자와 종전의 최고가매수신고인, 집 행권원 없는 배당요구자, 임차권등기 없는 토지임차인은 이해관계인이 아니다.

부동산의 매각은 집행법원이 정한 매각방법에 따르며, 매각방법은 매각기일에 입찰가를 호가하여 경쟁하는 호가입찰제(*동산경매에서), 매각기일에 서면으로 입찰하고 개찰하는 기일입찰제, 입찰기간 이내에 서면으로 입찰하게 하여 매각기일에 개찰하는 기간입찰제가 있다.

일괄매각

일괄매각이란 개별매각의 상대적인 매각방법으로서 1필지의 토지와 그 지상 건물을 함께 매각하거나, 수 개의 부동산(*예를 들면, 지번이 다른 수 개의 농지 또는 위치·형태·이용관계와 유기적 일체성이 있는 수 개의 부동산)을 묶어서 입찰하게 하여 매각하는 방법이다.

1필지의 토지상에 있는 건물 1동을 별도로 분리하여 분할매각하는 것이 여러 면에서 불리하거나 또는 수 개의 부동산이 위치·형태·이용관계 등을 고려하여 객관적 또는 경제적으로 보아 일괄매각하는 것이 고가로 매각될 수도 있거나 동일인에게 일괄매수시키는 것이 합당하다고 판단하는 경우 법원은 직권으로 또는 이해관계인의 신청에 따라 일괄매각하도록 결정할 수 있다.

개별(분할)매각

개별매각이란 일괄매각의 상대적인 매각방법으로서 1필지의 토지상에 있는 건물을 별도로 분리하여 토지와 건물에 대하여 각각의 최저매각 가를 정하여 개별의 건으로 취급하여 매각한다든지 수개의 부동산을 개별로 분할하여 매각하는 방법이다.

동시매각의 원칙

같은 매각기일에 매각에 부쳐질 사건이 2건 이상이거나 경매목적부동 산이 2개 이상인 경우에는 담합의 방지 및 자유로운 응찰을 보장하기 위하여 법원이 따로 정하지 아니한 이상 원칙적으로 각 부동산에 대한 매각을 동시에 실시한다.

환가준비절차로서 경매개시결정이 있게 되면 경매목적부동산을 매각하기 위하여 집행관으로 하여금 부동산의 현상, 점유관계, 보증금 및 차임, 기타 현황에 관하여 조사하게 하고, 감정평가사에게 부동산을 감정평가하게 하여 그 평가액을 기준으로 하여 최저매각가격(최저입찰가격)을 정함과 동시에 각종 최고와 통지 및 공고를 하는 등의 진행을 매각의 준비라고 한다.

채권자에 대한 최고

법원사무관 등은 경매개시결정등기 전에 등기된 가압류채권자 및 저당권·전세권, 그 밖의 우선변제청구권으로서 경매개시결정등기 전에 등기되었고 매각으로 소멸하는 것을 가진 채권자로 하여금 채권의 유무, 그 원인 및 액수(*원금·이자·비용, 그 밖의 부대채권을 포함)를 배당요구종기일까지 법원에 신고하도록 최고하여야 한다.

공과관청에 대한 최고

교부청구의 기회를 주기 위하여 조세, 그 밖의 공과금을 주관하는 공공기관에 대하여 채권의 유무, 그 원인 및 액수(*원금·이자·비용, 그 밖의 부대채권을 포함)를 배당요구종기일까지 법원에 신고하도록 최고하여야 한다.

현황조사

집행법원은 경매개시결정을 한 뒤에 바로 집행관에게 부동산의 현상, 점유관계, 차임 또는 보증금의 액수, 그 밖의 현황에 관하여 조사하도록 명하여야 한다. 왜냐하면 경매목적부동산에 대한 현황을 공시하여 입찰예정자에게 정보로 제공할 필요가 있기 때문이다.

집행관이 부동산을 조사할 때에는 그 부동산에 대하여 규정된 조치를 할 수 있다. 즉 현황조사를 위하여 건물에 출입할 수 있고, 채무자 또는 건물을 점유하는 제3자에게 질문하거나 문서를 제시하도록 요구할 수 있다. 또한 건물에 출입하기 위하여 필요한 때에는 잠긴 문을 여는 등 적절한 처분을 할 수 있다.

감정평가 및 최저매각가격의 결정

집행법원은 감정인에게 부동산을 평가하게 하고 그 평가액을 참작하여 최저매각가격을 정하여야 한다.

매각물건명세서

집행법원은 다음의 사항을 적은 매각물건명세서를 작성하여야 한다.
• 부동산의 표시
• 부동산의 점유자와 점유의 권원, 점유할 수 있는 기간, 차임 또는 보증금에 관한 관계인의 진술
• 등기된 부동산에 대한 권리 또는 가처분으로서 매각으로 효력을 잃지 아니하는 것

• 매각에 따라 설정된 것으로 보게 되는 지상권의 개요

매각물건명세서 사본 등의 비치

법원은 매각물건명세서·현황조사보고서 및 평가서의 사본을 법원에 비치하여 누구든지 볼 수 있도록 하여야 한다.

매각물건명세서·현황조사보고서 및 평가서의 사본은 매각기일마다 그 1주 전까지 법원에 비치하여야 한다. 다만 법원은 상당하다고 인정하는 때에는 매각물건명세서·현황조사보고서 및 평가서의 기재내용을 전자통신매체로 공시함으로써 그 사본의 비치에 갈음할 수 있다.

법원열람서류의 공신력

법원서류인 현황조사서 및 감정서에는 공신력이 없다. 그러나 실무에서는 현황조사서 등의 기재 누락 등의 이유로 매각허가결정의 취소신청이나 매각대금반환 등을 요청할 수 있다.

경매정보지구독 및 인터넷 정보를 너무 맹신하는 것은 금물!

경매정보지를 신뢰하여 응찰한 경우 매각법원에 그 책임을 물을 수 없다.

매각기일

경매법원이 목적부동산에 대하여 실제 매각을 실행하는 날이며, 매각 준비절차가 끝나면 담당판사의 판단에 따라 통상의 방법처럼 진행하는 기일입찰방법과 일정 기간의 입찰기간을 정하여 입찰을 실시하는 기간입찰방법 중 하나를 택하여 매각기일 등을 지정하여 통지하고 공고한다.

매각결정기일

매각결정기일이란 집행법원이 매각기일 종료 후 7일 이내에 매각의 허가 또는 불허가를 결정하는 기일이다.

매각결정기일은 매각기일부터 1주 이내로 정하여야 하며, 매각결정절차는 법원 안에서 진행하여야 한다.

매각기일·매각결정기일의 통지

집행법원은 매각기일과 매각결정기일을 이해관계인에게 통지하여야 하며, 통지는 집행기록에 표시된 이해관계인의 주소에 등기우편으로 발송할 수 있다.

공고

집행법원은 매각기일과 매각결정기일을 정하여 매각기일(*기간입찰의 방법
으로 진행하는 경우에는 입찰기간의 개시일)의 2주 전까지 공고한다.

민사집행절차에서 공고는 특별한 규정이 없으면 다음의 어느 하나의
방법으로 한다. 이 경우 필요하다고 인정하는 때에는 적당한 방법으로
공고사항의 요지를 공시할 수 있다.

- 법원게시판 게시
- 관보·공보 또는 신문 게재
- 전자통신매체를 이용한 공고

참고로 최초의 매각기일에 관한 공고는 그 요지를 신문에 게재하는 외
에 속행사건과 함께 인터넷 법원경매정보 사이트(www.courtauction.go.kr)
에 공고한다.

새매각(신경매)

• 허가할 매수가격의 신고가 없이 매각기일이 최종적으로 마감된 때에는 잉여주의 규정에 어긋나지 아니하는 한도에서 법원은 최저매각가격을 상당히 낮추고 새 매각기일이 정해져서 매각절차가 다시 진행되는데, 이를 새매각이라 한다.

• 매수가격의 신고가 없는 때(*유찰되었을 때)에는 보통 약 1개월 후인 다음 회차에 법원마다 20% 또는 30% 저감된 최저매각가로 새로이 진행된다.

• 새매각의 사유로는 경매가 유찰되어 허가할 매수신고가 없는 경우와 이의에 의한 매각불허가의 경우 등이 있다.

재매각(재경매)

• 매수인이 대금지급기한 또는 다시 정한 대금지급기한까지 그 의무를 완전히 이행하지 아니하였고, 차순위매수신고인이 없는 때에는 법원은 직권으로 부동산의 재매각을 명하여야 한다.

• 재매각절차에도 종전에 정한 최저매각가격과 그 밖의 매각조건을 적용한다.

• 매수인이 재매각기일의 3일 전까지 대금, 그 지급기한이 지난 후부터

지급일까지의 대금에 대한 이율 연 100분의 12(*2019. 8. 2 대법원규칙 개정)에 따른 지연이자와 절차비용을 지급한 때에는 재매각절차를 취소하여야 한다. 이 경우 차순위매수신고인이 매각허가결정을 받았던 때에는 위 금액을 먼저 지급한 매수인이 매매목적물의 권리를 취득한다.

• 재매각절차에서는 종전의 매수인은 매수신청을 할 수 없으며 매수 신청의 보증금을 돌려줄 것을 요구하지 못한다.

배당금의 의의

배당금이란 해당 부동산의 매각대금으로 각 채권자에게 채권의 몫을 나누어주는 금액을 말한다.

배당절차의 의의

배당절차란 경매목적부동산의 매각으로 인한 매각대금을 채권자의 채권을 변제해주기 위하여 배당금 지급에 관한 일련의 과정을 말한다.

배당요구의 의의

배당요구란 배당요구종기일까지 경매사건에 관련된 이해관계인들에게 경매법원에 채권액을 신청하고 요구하는 것을 말하며, 집행력 있는 정본을 가진 채권자, 경매개시결정이 등기된 후에 가압류를 한 채권자, 민법·상법, 그 밖의 법률에 의하여 우선변제청구권이 있는 채권자는 배당요구를 할 수 있다.

배당요구종기일의 의의

배당요구종기일이란 경매목적물의 임차인과 채권자의 배당요구신청을 마감하는 날을 말한다.

배당요구의 종기결정 및 공고

• 경매개시결정에 따른 압류의 효력이 생긴 때(*그 경매개시결정 전에 다른 경매개시결정이 있는 경우를 제외)에는 집행법원은 절차에 필요한 기간을 감안하여 배당요구를 할 수 있는 종기를 첫 매각기일 이전으로 정한다.

• 배당요구의 종기가 정하여진 때에는 법원은 경매개시결정을 한 취지 및 배당요구의 종기를 공고하고, 매각으로 소멸되지 않는 전세권자 및 법원에 알려진 집행력 있는 정본을 가진 채권자, 경매개시결정이 등기된 후에 가압류를 한 채권자, 민법·상법, 그 밖의 법률에 의하여 우선변제청구권이 있는 채권자에게 이를 고지하여야 한다.

• 배당요구의 종기결정 및 공고는 경매개시결정에 따른 압류의 효력이 생긴 때부터 1주 이내에 하여야 한다.

• 법원사무관 등은 첫 경매개시결정등기 전에 등기된 가압류채권자와 저당권·전세권, 그 밖의 우선변제청구권으로서 첫 경매개시결정등기 전에 등기되었고 매각으로 소멸하는 것을 가진 채권자 및 조세, 그 밖의 공과금을 주관하는 공공기관에 대하여 채권의 유무, 그 원인 및 액수(*원금·이자·비용, 그 밖의 부대채권을 포함)를 배당요구의 종기까지 법원에 신고하도록 최고하여야 한다.

• 첫 경매개시결정등기 전에 등기된 가압류채권자와 저당권·전세권, 그 밖의 우선변제청구권으로서 첫 경매개시결정등기 전에 등기되었고 매각으로 소멸하는 것을 가진 채권자가 최고에 대한 신고를 하지 아니한 때에는 그 채권자의 채권액은 등기사항증명서 등 집행기록에 있는 서류와 증빙에 따라 계산한다. 이 경우 다시 채권액을 추가하지 못한다.

• 법원은 특별히 필요하다고 인정하는 경우에는 배당요구의 종기를 연기할 수 있고, 이때에 이미 배당요구 또는 채권신고를 한 사람에 대하여는 다시 고지 또는 최고를 하지 아니한다.

참고로 배당요구에 따라 매수인이 인수하여야 할 부담이 바뀌는 경우 배당요구를 한 채권자는 배당요구의 종기가 지난 뒤에 이를 철회하지 못한다.

배당요구를 하지 아니한 경우의 불이익

배당요구종기일까지 배당요구신청을 하라고 법원으로부터 통보가 오면 배당요구를 하지 않아도 배당을 받을 수 있는 채권자가 아니면 반드시 배당요구종기일까지 배당요구를 하여야 하는데, 제3자에게 대항할 수 있는 물권 또는 채권을 등기부에 등재하지 아니한 채권자(*임차인 등)는 반드시 배당요구종기일까지 배당요구를 하여야 배당을 받을 수 있다.

만약 배당요구종기일까지 배당요구를 하여야 했을 채권자가 배당요구를 하지 않은 경우에는 배당에서 제외가 되며, 배당이의의 소도 제기할 수가 없고, 또한 이런 경우 자기보다 후순위채권자로서 배당을 받은 자를 상대로 별도의 소송으로 부당이득반환청구를 하는 것도 허용되지 않는다.

08 임차인의 권리신고와 배당요구신청

권리신고의 의의

권리신고란 경매사건과 관련하여 자신이 권리가 있다는 것을 알리며 신고하는 것이다.

배당요구신청

배당요구는 채권자가 채무자의 재산으로부터 변제받을 수 있는 법률 관계를 말하는 것이며, 배당요구를 함에 있어서는 채무자에 대한 청구 채권의 종류와 변제기일 등 그 구체적인 내용과 원인채권증서 및 배당 액수 등을 명시하여 집행법원에 신청하여야 한다.

임차인의 권리신고 및 배당요구신청시 첨부서류

임차인은 배당요구신청을 배당요구종기일까지 집행법원에 '권리신고 겸 배당요구신청서'와 다음의 첨부서류를 제출하여야만 (최)우선변제권 의 혜택을 받을 수 있다.

- 임대차계약서 사본 1부
- 주민등록등본(*상가임차인의 경우 사업자등록증 사본) 1통
- 채권계산서(*연체된 차임이 있는 경우 이를 공제한 보증금계산서) 1부

임차인 외 채권자별 배당요구신청시 첨부서류

- 집행력 있는 정본에 의한 채권자 : 집행력 있는 정본 1부
- 가압류권자 : 가압류결정 등기부등본 1통
- 임금채권자 : 근로감독관청의 체불임금확인서 1부 및 근로소득세 원천징수 영수증 또는 급여관련 증명서 1부

임차인의 배당요구신청은 임대차계약의 해지의사 표시

대항력과 확정일자를 구비한 임차인이 권리신고 및 배당요구신청을 하였을 경우 임차보증금 중 배당받지 못한 금원은 매수인이 부담해야 하지만, 계약기간의 잔여 부분에 대해서는 책임지지 않는다. 왜냐하면 "배당요구신청을 했다" 함은 임대차계약의 해지의사로 보기 때문이다.

권리신고 겸 배당요구서

사 건 번 호 　　　　　　　타경　　　　　호

채권자　성명

채무자　성명

본인은 위 부동산 임의(강제)경매사건의 경매절차에서 임차보증금을 변제받기 위해서 아래와 같이 권리신고 겸 배당요구를 하오니 매각대금에서 우선변제하여주시기 바랍니다.

1	계약일	20　년　월　일			
2	계약 당사자	임대인		임차인	
3	임대차기간	20　년　월　일 ~ 20　년　월　일(　년간)			
4	임대보증금	전세금　　　　　　원			
		보증금　　　　원에 월세　　　　　　원			
5	임차부분	전부	방　칸	일부	층, 방 칸
		*뒷면에 임차부분을 특정한 내부구조도를 그려주시기 바랍니다.			
6	입주일(주택인도일)	20　　년　　월　　일			
7	전입신고일(주민등록일)	20　　년　　월　　일			
8	확정일자	유	20　년　월　일		무
8	전세권등기	유	20　년　월　일		무

첨부서류

1. 임대차계약서 사본 1통
2. 주민등록등본 1통

20　년　월　일

권리신고 겸 배당요구 신청인　　　　　(인)

연락처(☎)

○○지방법원 ○○지원 귀중

정지

채권자 또는 이해관계인이 법원에 매각절차를 중지시키는 것을 말한다.

변경

매각절차를 밟는 도중에 새로운 사항의 추가, 매각조건의 변경, 권리의 변동 등으로 매각기일에 매각을 진행시킬 수 없을 때 그 매각기일을 바꾸는 것을 말한다.

연기

채무자, 소유자 또는 이해관계인의 신청과 동의하에 지정된 매각기일을 다음 기일로 미루는 것으로서 변경과 연기를 합쳐 '변연'이라고 한다.

취하

채무자가 빚을 갚아서 채권자가 매각신청 자체를 없었던 일로 하는 것을 말한다.

취소

경매원인이 소멸되는 등의 이유로 법원이 경매개시결정 자체를 취소하는 것을 말한다.

각하

각종 신청시 절차나 형식이 부적법한 경우 법원이 매각처리하지 않는
조치를 말한다.

기각

경매신청의 절차나 요건은 형식적으로 갖추었으나 내용이 이유 없다고
인정될 때 법원이 경매신청 자체를 받아들이지 않는 조치를 말한다.

입찰 전 인터넷상으로 확인 또는 입찰당일 경매법정 게시판 확인

정상적으로 잘 진행되어오고 있던 경매가 간혹 기다리던 매각기일에
입찰을 볼 수가 없는 상황일 때가 있다. 이는 해당 경매사건에 경매
일정의 변동이 있기 때문인데, 따라서 입찰 전에는 법원경매정보(http://
www.courtauction.go.kr)에 접속하여 '기일내역'에서 확인하고, 입찰당일에는
경매법정의 게시판상에서 매각일정의 변동 여부를 확인하여야 한다.

법원직권의 취소사유

• 부동산 멸실

법원은 부동산의 멸실로 인하여 권리의 이전을 불가능하게 하는 사정이 명백하게 된 경우 매각절차를 취소하여야 한다.

• 무익한 경매(*잉여가망이 없을 때)

법원은 최저매각가격으로 압류채권자의 채권에 우선하는 부동산의 모든 부담과 절차비용을 변제하면 남을 것이 없겠다고 인정한 때에는 압류채권자에게 이를 통지하여야 한다.

이때 압류채권자가 위의 통지를 받은 날부터 1주 이내에 압류채권자의 채권에 우선하는 부동산의 모든 부담과 비용을 변제하고 남을 만한 가격을 정하여 그 가격에 맞는 매수신고가 없을 때에는 자기가 그 가격으로 매수하겠다고 신청하면서 충분한 보증을 제공하지 아니하면 법원은 매각절차를 취소하여야 한다. 또한 취소결정에 대해서는 즉시항고를 할 수 있다.

단, 이중경매일 경우에는 누가 먼저 경매신청을 했는지의 여부를 따져

보는 것이 아니고, 경매신청채권자 중 배당순위가 우선하는 채권자를 기준으로 잉여의 가망 여부를 판단한다.

최저경매가격이 압류채권에 우선하는 채권과 절차비용의 합산액에 미달하는데도 '잉여의 가망이 없을 경우의 경매취소'의 조치를 취하지 아니한 채 경매절차를 진행한 경우 하자의 치유 여부(대판 1995. 12. 1 선고 95마1143)

최저경매가격이 압류채권자의 채권에 우선하는 채권과 절차비용에 미달하는데도 불구하고 경매법원이 이를 간과하고 '잉여의 가망이 없을 경우의 경매취소'의 조치를 취하지 아니한 채 경매절차를 진행한 경우에, 최고가매수신고인의 매수가액이 우선채권 총액과 절차비용을 초과하는 한 그 절차 위반의 하자가 치유되지만, 그 매수가액이 우선채권 총액과 절차비용에 미달하는 때에는 경매법원은 경락을 불허가하는 결정을 하여야 하며, 경매법원이 절차를 그대로 진행하였다고 하여 매수가액이 우선채권 총액과 절차비용에 미달함에도 불구하고 그 법조항 위반의 하자가 치유된다고는 할 수 없다.

강제경매의 취소사유

• 집행판결 또는 그 가집행을 취소하는 취지나 강제집행을 허가하지 아니하거나 그 정지를 명하는 취지 또는 집행처분의 취소를 명한 취지를 기재한 집행력 있는 재판의 정본이 제출된 경우
• 집행을 면하기 위해 담보가 제공된 경우
• 집행할 판결 및 기타의 재판이 소의 취하, 기타 사유에 의하여 실효되었음을 증명하는 조서등본, 기타 법원사무관 등이 작성한 증서가 제출된 경우

- 강제집행을 하지 않는다는 취지나 강제집행의 신청이나 위임을 취하한다는 취지를 기재하는 화해조서의 정본 또는 공정증서의 정본이 제출된 경우

임의경매의 취소사유

- 담보권의 등기가 말소된 등기부등본이 제출된 경우
- 담보권 등기의 말소를 명하거나, 담보권이 없거나 소멸되었다는 취지의 확정판결의 정본이 제출된 경우
- 채권자가 담보권의 실행을 하지 아니하기로 하거나 경매신청을 취하하겠다는 서류가 제출된 경우

11 경매신청의 취하

경매신청의 취하는 매수인의 대금납부 전까지 할 수 있다. 매수인이 대금납부를 하지 않아 재매각 결정된 후의 취하에 대해서는 전매수인의 동의가 필요하다는 견해와 필요 없다는 견해가 대립하고 있으며, 법원 실무에서도 통일이 되어 있지 않다.

최고가매수신고인이 없는 경우의 취하 서류

- 경매취하서 2부
- 경매신청채권자 인감증명서 1통
- 변제증서 또는 합의서 1부

최고가매수신고인이 있고 동의가 있는 경우의 취하 서류

- 경매취하서 2부
- 경매신청채권자 인감증명서 1통
- 변제증서 또는 합의서 1부
- 최고가매수신고인 경매취하 동의서 1부
- 최고가매수신고인(*차순위매수신고인 포함)의 인감증명서 1통

매수인이 동의해주지 않는 경우 임의경매의 취하

피담보채권과 예납된 집행비용을 변제공탁 후 담보권이 소멸된 등기부등본과 변제공탁증서(*채권청구액 전액과 이자, 예납된 집행비용을 변제공탁한 후 발급받은 증서)를 첨부해서 '경매개시결정에 대한 이의신청서'를 집행법원에 제출

'경매개시결정에 대한 이의신청서'를 제출 후 '이의신청제기증명원'을 발급

'임의경매절차정지신청서'에 '이의신청제기증명원'을 첨부해서 집행법원에 제출

집행법원으로부터 '경매절차정지결정문'을 받아 담당 경매계에 접수

집행법원은 채권·채무자를 심문하거나 해서 그 결과에 따라 경매는 취소

매수인이 동의해주지 않는 경우 강제경매의 취하

'청구에 관한 이의의 소'를 제기하는데, 소장에 변제공탁증서 사본을 첨부하고 집행법원에 제출

'청구에 관한 이의의 소'를 제출 후 '소 제기증명원'을 발급

'강제경매절차정지신청서'에 '소 제기증명원'을 첨부해서 집행법원에 제출

집행법원으로부터 '강제집행정지결정문'을 받아 담당 경매계에 접수

▼

'청구에 관한 이의의 소'의 승소판결에 대한 '확정판결문'을 담당 경매계에 제출하는 순으로 진행하면 경매는 취소

경매를 취하할 수 있는 기간

경매를 취하할 수 있는 기간은 경매절차개시 효력발생일로부터 경매종결시까지의 기간이다. 다시 말해서 최고가매수신고인이 매각대금을 납부하기 전까지는 채무를 변제하고 취하시킬 수 있다.

제2장.

입찰에서
소유권이전까지

매수신청이 금지된 자들이나 입찰에 참여할 수 없는 자가 응찰하는 경우가 있다. 그러나 이들이 입찰에 참여하여 최고가매수신고를 하여도 입찰이 무효가 된다. 또한 대리입찰자가 대리입찰의 제한에 위배되어도 그 입찰이 무효가 된다.

매수신청 금지자

- 채무자
- 매각절차에 관여한 집행관
- 매각부동산을 평가한 감정인(*감정평가법인이 감정인인 때에는 그 감정평가법인
또는 소속 감정평가사)

입찰에 참여할 수 없는 자

- 매수신청이 금지된 자
- 재매각의 경우 종전 매수인(낙찰자)
- 무능력자(*미성년자, 한정치산자, 금치산자). 단, 법정대리인은 가능
- 강제집행면탈 범죄자, 경매방해자, 공무집행방해 범죄자

대리입찰의 제한

• 동일물건에 대하여 입찰자는 동시에 다른 입찰자의 대리인이 될 수 없다.

• 동일물건에 동일인이 2인 이상의 다른 입찰자의 대리인이 될 수 없다. 단, 공동입찰의 경우에는 이러한 대리입찰의 제한이 없다.

구분		준비물 및 준비서류
개인 입찰	본인	① 본인의 신분증(주민등록증 또는 운전면허증) ② 본인의 도장
	대리인	① 대리인의 신분증(주민등록증 또는 운전면허증) ② 대리인의 도장 ③ 본인의 인감 날인된 위임장 ④ 본인의 인감증명서
법인 입찰	법인	① 법인대표의 신분증(주민등록증 또는 운전면허증) ② 법인의 인감도장 ③ 법인등기부등본 또는 초본 1통
	대리인	① 대리인의 신분증(주민등록증 또는 운전면허증) ② 대리인의 도장 ③ 법인등기부등본 또는 초본 1통 ④ 법인의 인감 날인된 위임장 ⑤ 법인의 인감증명서
공동 입찰	공동 대리인	① 공동입찰자 전원의 신분증(주민등록증 또는 운전면허증) ② 공동입찰자 전원의 도장 ③ 대리인의 신분증(주민등록증 또는 운전면허증) ④ 대리인의 도장 ⑤ 공동입찰자 전원의 인감 날인된 위임장 ⑥ 공동입찰자 전원의 인감증명서

*공통서류인 입찰봉투, 매각보증금봉투, 기일입찰표와 공동입찰시 필요한 공동입찰신고서, 공동입찰자목록도 법정에서 무료로 배부한다.

매각기일(*입찰 당일)에는 집행법원에서 이미 공고한 지정된 매각장소에서 매각을 실시하여 최고가매수신고인 및 차순위매수신고인을 정한다.

입찰장소

매각기일은 법원 안에서 진행(*집행관은 법원의 허가를 얻어 다른 장소에서 매각기일을 진행할 수 있음)하여야 하며, 기일입찰의 입찰장소에는 입찰자가 다른 사람이 알지 못하게 입찰표를 적을 수 있도록 설비를 갖추고 있다.

입찰법정의 질서유지

입찰법정에서는 입찰절차와 질서유지를 위하여 법원직원(*서기관, 사무관, 주사, 주사보)들이 참가하여 입찰자들을 지도하면서 질서유지와 입찰부정행위(*담합, 입찰방해 등)를 감시하고 있으며, 법원에 따라서는 무인감시카메라를 작동하여 법정질서에 대해 신경을 쓰고 있다.

매각사건목록 및 매각물건명세서 등의 비치

매각기일에 집행관은 매각사건목록을 게시판(*화이트보드 등)에 게재하고, 매각물건명세서·현황조사보고서 및 평가서의 사본을 매각장소에 비치하여 입찰자가 열람할 수 있도록 하고 있다.

입찰표 및 입찰봉투

입찰표 및 입찰봉투는 응찰자들이 자유롭게 사용하도록 매각장소에 비치하고 있으며, 그 외 공동입찰신고서 등의 필요한 서식은 필요자가 요구하면 배부해준다.

흰색 소봉투에는 매각보증금을 넣으며, 입찰봉투인 황색 대봉투에는 소봉투(*매각보증금 봉투)와 입찰표를 함께 넣는다.

매각보증금(입찰보증금 : 매수신청보증금)

매각보증금은 현금, 자기앞수표(*지급제시기간이 끝나는 날까지 5일 이상의 기간이 남아 있는 것) 또는 지급보증증서(*서울보증보험회사 발행의 보증보험증권과 은행이 발행한 지급보증증서)로 제출할 수가 있는데, 자기앞수표의 경우 매각보증금이 원 단위까지 계산되게 될 때에는 가급적 원 단위까지 발행된 한 장의 수표로 제출하는 것이 좋다.

매각보증금은 특별매각조건으로 달리 정함이 없는 한(*재입찰의 경우에는 매각보증금을 최저매각가격의 20~30%로 특별매각조건으로 정함) 최저매각가격의 10%이다.

입찰의 개시

매각기일에서의 매각절차는 집행관이 주재하는데, 입찰자들에게 입찰표의 기재요령을 설명하고 집행관의 고지사항을 고지한 후 매각물건에 대한 기록을 열람하게 한 후 입찰의 개시를 고지한다.

입찰개시는 보통 오전 10시~10시 30분경(*개시시간이 경우에 따라서 다를 수 있음)에 하게 되는데, 집행관이 입찰을 최고하는 때에 입찰마감시각과 개찰시각을 고지하며, 입찰마감시간은 입찰표의 제출을 최고한 후 1시간 정도를 넘는 시간으로 한다.

입찰(투찰)

입찰표와 매수보증금은 입찰마감시간 내에 입찰봉투에 넣어 투찰하는데, 투찰 직전에 입찰봉투(*황색 대봉투)의 상단의 절취선 있는 부분의 '입찰자용 수취증'을 집행관으로부터 날인받아 교부받은 후에 입찰봉투를 집행관의 면전에서 입찰함(*투명 아크릴함)에 넣는다.

일단 제출한 입찰봉투는 다시 돌려받을 수가 없으므로 한 번 제출된 입찰표는 취소하거나 변경 또는 교환할 수가 없다. 또한 동일 입찰자가 동일 사건에 대하여 두 번을 입찰할 수가 없다.

공동입찰시 유의사항

- 2인 이상이 공동으로 입찰할 때에는 입찰표 외에 공동입찰신고서와 공동입찰자목록(*당일 법정에서 배부)도 함께 제출하여야 한다.
- 공동입찰신고서에는 사건번호 및 물건번호를 기재하고, 공동입찰자목록에는 입찰자 전원의 성명, 주소, 주민번호, 전화번호를 기재하고 공동입찰자의 각 지분도 명확히 기재하여야 한다.
- 공동입찰신고서와 공동입찰자목록 사이에는 공동입찰자 전원이 간인하여야 한다.
- 대리인 입찰시는 공동입찰자 전원의 인감이 날인된 위임장과 공동입찰자 전원의 인감증명서가 필요하다.

입찰의 마감 및 개찰

입찰을 마감하면 지체 없이 입찰표를 개봉, 즉 개찰을 실시하는데, 집행관은 입찰표를 개봉할 때에 입찰을 한 사람을 참여시켜야 한다. 만약 입찰을 한 사람이 아무도 참여하지 아니하는 때에는 적당하다고 인정하는 사람을 참여시켜야 한다.

집행관은 입찰표를 개봉할 때에 입찰목적물, 입찰자의 이름 및 입찰가격을 호창하여야 한다.

최고가매수신고인의 결정

개찰결과 무효의 사유 없이 최고의 가격으로 매수신고한 자를 최고가
매수신고인으로 결정한다.

만약 최고가매수신고를 한 사람이 둘 이상인 때에는 집행관은 그 사람
들에게 다시 입찰하게 하여 최고가매수신고인을 정한다. 이 경우 입찰
자는 전의 입찰가격에 못 미치는 가격으로는 입찰할 수 없다.

또한 다시 입찰하는 경우에 입찰자 모두가 입찰에 응하지 아니하거나(*
전의 입찰가격에 못 미치는 가격으로 입찰한 경우에는 입찰에 응하지 아니한 것으로 봄) 두 사
람 이상이 다시 최고의 가격으로 입찰한 때에는 추첨으로 최고가매수
신고인을 정하며, 추첨을 하는 경우 입찰자가 출석하지 아니하거나 추
첨을 하지 아니하는 때에는 집행관은 법원사무관 등 적당하다고 인정
하는 사람으로 하여금 대신 추첨하게 한다.

차순위매수신고인의 결정

최고가매수신고인 외의 매수신고인은 매각기일을 마칠 때까지 집행관
에게 최고가매수신고인이 대금지급기한까지 그 의무를 이행하지 아니
하면 자기의 매수신고에 대하여 매각을 허가하여 달라는 취지의 신고(*
차순위매수신고)를 할 수 있다.

집행관은 최고가매수신고인의 성명과 그 가격을 부르고 차순위매수신고를 최고하는데, 이때 차순위매수신고를 원하는 자는 즉시 거수하거나 그 의사표시를 하면 된다.

차순위매수신고는 그 신고액이 최고가매수신고액에서 그 보증액을 뺀 금액을 넘는 때에만 할 수 있다.

차순위매수신고를 한 사람이 둘 이상인 때에는 신고한 매수가격이 높은 사람을 차순위매수신고인으로 정한다. 신고한 매수가격이 같은 때에는 추첨으로 차순위매수신고인을 정한다.

차순위매수신고시 유의사항

차순위매수신고인도 최고가매수신고인과 마찬가지로 입찰보증금은 반환받지 못하게 되며, 최고가매수신고인에 국한된 사유로 최고가매수신고인에게 매각이 불허가되거나 최고가매수신고인이 매각대금을 납부하지 않을 경우 새로 입찰절차를 거치지 아니하고 곧바로 차순위매수신고인에게 매각허가를 한다는 점에서는 차순위매수신고를 할 필요가 있겠다.

그러나 차순위매수신고를 할 때에는 심사숙고하여야 한다. 왜냐하면 차순위매수신고는 최고가매수신고인이 매각결정기일에 매각허가를 받고 대금납부기한일까지 대금을 납부하면 종료되는 것이고, 그러면 차순위매수신고인은 아무런 실익 없이 신고보증금만 일정기간 동안 묶이는 결과를 낳을 수 있기 때문이다.

입찰조서 작성과 매각보증금 영수증 교부

최고가매수신고인(*차순위매수신고인 포함)은 '입찰조서' 등에 주민등록증과 대조한 후 서명·날인하며, 집행관이 발행하는 '매각보증금 영수증'을 교부한다.

매각보증금의 반환

집행관의 매각기일 종결이 고지되면, 최고가매수신고인(*차순위매수신고인 포함) 이외의 입찰자들은 입찰봉투 투찰시 교부받은 '입찰자용 수취증'을 제출하여 입찰법정 즉석에서 입찰보증금을 반환받는다.

공동입찰 신고서

사건번호 :   타경   호

물건번호 :

공동입찰자 : 별지목록과 같음

위 부동산 임의(강제)경매사건에 관해서 공동입찰을 신고합니다.

20　년　　월　　일

위 신청인　　　　　　외　　인(별지목록 기재와 같음)

○○지방법원 ○○지원 집행관　귀하

※ 1. 공동입찰을 하는 때에는 입찰시 목록에 각자의 지분을 분명하게 표시하여야 합니다.
2. 별지 공동입찰자 목록과 사이에 공동입찰자 전원이 간인하십시오.

공동입찰자 목록

번호	성명	주 소		지분
		주민등록번호	전화번호	
1	(인)			
2	(인)			
3	(인)			
4	(인)			
5	(인)			
6	(인)			
7	(인)			
8	(인)			
9	(인)			
10	(인)			

기 일 입 찰 표

○○지방법원 ○○지원 집행관 귀하   입찰기일 : 20   년   월   일

사건 번호		타경	호	물건 번호		번

입찰자	본인	성명			전화 번호	
		주민(사업자)등록번호			법인등록번호	
		주소				
	대리인	성명			전화 번호	
		주민(사업자)등록번호			법인등록번호	
		주소				

입찰가액	천억	백억	십억	억	천만	백만	십만	만	천	백	십	일	원	보증금액	백억	십억	억	천만	백만	십만	만	천	백	십	일	원

보증의 제공방법 □ 보증서 □ 현금·자기앞수표	보증을 반환받았습니다. 입찰자 (인)

※주의사항

1. 입찰표는 물건마다 별도의 용지를 사용하십시오. 다만, 일괄입찰시에는 1매의 용지를 사용하십시오.

2. 한 사건에서 입찰물건이 여러 개 있고 그 물건들이 개별적으로 입찰에 부쳐진 경우에는 사건번호 외에 물건번호를 기재하십시오.

3. 입찰자가 법인인 경우에는 본인의 성명란에 법인의 명칭과 대표자의 지위 및 성명을, 주민등록번호란에는 입찰자가 개인인 경우에는 주민등록번호를, 법인인 경우에는 사업자등록번호를 기재하고, 대표자의 자격을 증명하는 문서(*법인의 등기부 등·초본)를 제출하여야 합니다.

4. 주소는 주민등록상의 주소를, 법인은 등기부상의 본점소재지를 기재하시고, 신분확인상 필요하오니 주민등록증을 꼭 지참하십시오.

5. 입찰가격은 수정할 수 없으므로, 수정을 요하는 때에는 새 용지를 사용하십시오.

6. 대리인이 입찰하는 때에는 입찰자란에 본인과 대리인의 인적사항 및 본인과의 관계 등을 모두 기재하는 외에 본인의 위임장(*입찰표 뒷면을 사용)과 인감증명을 제출하십시오.

7. 위임장, 인감증명 및 자격증명서는 이 입찰표에 첨부하십시오.

8. 일단 제출된 입찰표는 취소, 변경이나 교환이 불가능합니다.

9. 공동으로 입찰하는 경우에는 공동입찰신고서를 입찰표와 함께 제출하되, 입찰표의 본인란에는 "별첨 공동입찰자목록 기재와 같음"이라고 기재한 다음, 입찰표와 공동입찰신고서 사이에는 공동입찰자 전원이 간인하십시오.

10. 입찰자 본인 또는 대리인 누구나 보증을 반환받을 수 있습니다.

11. 보증의 제공방법(*현금·자기앞수표 또는 보증서) 중 하나를 선택해서 □안에 √표를 기재하십시오.

위임장

대리인	성명		직업	
	주민번호		전화번호	
	주소			

위 사람을 대리인으로 정하고 다음 사항을 위임함

다음

○○지방법원 　　　　　　타경 　　　　　　호 부동산 경매사건에 관한
입찰행위 일체

본인 1	성명		직업	
	주민번호		전화번호	
	주소			
본인 2	성명		직업	
	주민번호		전화번호	
	주소			
본인 3	성명		직업	
	주민번호		전화번호	
	주소			

*본인의 인감도장 날인
*본인의 인감증명서 첨부
*본인이 법인인 경우에는 주민등록번호란에 사업자등록번호를 기재

○○지방법원 　　　　　　귀중

00법원(연결번호   번)

◆ 접는선 뒷면의 사건번호와 물건번호를 반드시 기재하여 주시기 바랍니다.

※ 타인이 사건번호를 볼 수 없도록 위 접는선을 접어서 지철기(호치키스)로 봉하여 제출하십시오.

입 찰 봉 투

사건번호		타경 호
물건번호		번
입찰자 성명	본인	㉕
	대리인	㉕

◆ 주 의 사 항 ◆

1. 입찰대상이 아닌 경매사건에 응찰한 경우에는 즉시 매수보증금을 반환받을 수 없고 개찰이 모두 완료된 후에 매수보증금을 반환 받을 수 있으므로 매각기일을 꼭 확인하여 주시기 바랍니다.
2. 매수신청보증봉투와 입찰표를 넣고 사건번호를 타인이 볼 수 없도록 접어서 지철기(호치키스)로 봉하십시오.
3. 위 입찰자 성명란을 기재하고, 입찰봉투 제출 시 신분증을 제시하십시오.
4. 입찰자용 수취증의 절취선에 집행관의 날인을 받으십시오.

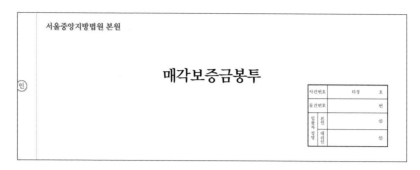

서울중앙지방법원 본원

매각보증금봉투

사건번호		타경	호
물건번호			번
입찰자 성명	본인		㉑
	대리인		㉑

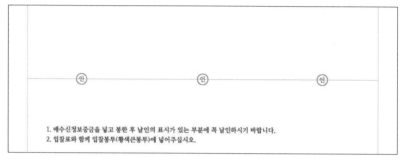

1. 매수신청보증금을 넣고 봉한 후 날인의 표시가 있는 부분에 꼭 날인하시기 바랍니다.
2. 입찰표와 함께 입찰봉투(황색큰봉투)에 넣어주십시오.

입찰 및 입찰표 작성에서의 무효사항

- 매수신청이 금지된 자가 응찰한 경우
- 입찰에 참여할 수가 없는 자가 응찰한 경우
- 입찰가액이 최저매각가격 미만인 경우
- 입찰보증금이 부족한 경우
- 입찰가액란의 금액 기재를 수정한 경우
- 자격을 증명하는 문서를 제출하지 아니한 경우

  ① 대리인 입찰시 위임장, 본인의 인감증명을 첨부하지 아니한 경우

  ② 법인 응찰시 법인 등기부등본 또는 초본을 제출하지 아니한 경우

- 동일사건에 입찰자가 다른 입찰자의 대리인이 되거나 2인 이상의 대리인이 된 경우
- 한 장의 입찰표에 수 개의 사건번호나 수 개의 물건번호를 기재한 경우
- 한 사건에 여러 개의 물건으로 분할매각하는 경우 그 물건번호를 정확히 기재하지 아니한 경우
- 입찰표에 날인 또는 무인하지 아니한 경우

기간입찰에서의 추가적 무효사항

- 보통우편 접수와 마감일 이후의 접수

- 입찰봉투 및 입찰표에 매각기일 미기재

- 집행관 또는 그 사무원 이외의 자에 대한 입찰서류 등의 제출

입찰표 기재시 유의사항

입찰표를 잘못 기재한 경우에는 정정인을 찍어야 수정이 가능하다. 그러나 입찰금액란의 금액 기재를 수정한 때에는 무효처리가 된다.

따라서 입찰금액란을 잘못 기재하였을 경우에는 반드시 용지를 새로 교부받아 다시 작성하여야 한다.

매각허부결정

집행법원은 최고가매수신고인이 있는 경매사건에 한하여 매각결정기일에 이해관계인에게 의견을 진술하게 한 후 이를 참고로 하는 외에 직권으로 매각불허가사유 유무를 기록에 의하여 조사한 후 매각허부결정을 한다.

그러나 실무상으로는 이해관계인들에게 구두로 의견을 진술할 기회가 주어지는 것은 아니며, 매각허부결정에 대한 의견이 있는 이해관계인만 서면으로 의견을 제출하고 있는 실정이다.

매각결정기일에 매수인은 출석할 필요가 없고, 매각허부에 대한 결정은 입찰법정에서 선고만 할 뿐이고, 매수인과 이해관계인에게 이를 통보하지는 않는다. 그러나 매각불허결정이 나는 경우에는 매수인에게 이의 사실을 통보한다.

또한 매각허부의 결정에 대하여 이해관계인은 7일 이내에 즉시항고할 수 있는데, 매각허부에 대한 결정이 선고된 후 이해관계인, 매수인, 임차인 등이 이 기간 내에 항고하지 않으면 매각허부에 대한 결정이 확정된다.

경매실무상 자주 발생하는 매각불허가 사유

- 매수인자격과 관련 : 매수신청 금지자, 입찰에 참여할 수 없는 자 등
- 입찰가격과 관련 : 잉여가망 여부, 과잉경매 여부 등
- 매각물건명세서상 중대한 흠과 관련 : 선순위임차인의 누락, 법원기록과 부동산목록의 불일치 등
- 특별매각조건의 준수 관련 : 농지취득자격증명 미제출 등
- 소유자에 대한 경매개시결정통지의 미송달
- 입찰표의 입찰가액란 기재 등과 관련 : 금액수정 등
- 매각기일종료 후 매각결정기일 전에 집행정지결정 정본이 제출된 경우

06 즉시항고

즉시항고의 의의

항고란 원래 소송절차에 관한 신청을 기각한 결정이나 명령에 대하여 불복하는 방법을 말하며, 즉시항고란 보통항고에 대립되는 것으로서 재판의 성질상 신속히 확정지어야 할 결정에 대하여 개별적으로 인정되는 불복신청 방법이다.

즉시항고 기간

항고는 매각허가결정 또는 매각불허가결정을 고지한 날로부터 7일 내에 제기하여야 하는데, 매각허가결정은 이를 선고한 때에 고지의 효력이 발생하므로 이 7일의 기간은 일률적으로 정해진다. 다만 당사자가 책임질 수 없는 사유로 인하여 불변기간 내에 즉시항고를 하지 못한 경우에는 그 사유가 없어진 날로부터 2주일 이내에 항고(*추완즉시항고)를 할 수 있다.

즉시항고권자

이해관계인

이해관계인은 매각허가 또는 불허가결정에 의하여 손해를 받은 경우에 그 결정에 대하여 즉시항고를 할 수 있다.

매수신고인

매각허가의 이유가 없거나 결정에 기재한 이외의 조건으로 허가를 주장하는 매수인 또는 매각허가를 주장하는 매수신고인도 항고할 수 있다.

- 가압류권자, 가처분권자는 이해관계인이 아니다.
- 등기부상 소유자로 등기되어 있지 않지만 경매부동산이 채무자의 소유가 아니라고 주장하는 자도 매각허가결정에 대하여 항고할 수 없다.
- 매수신고인이 항고의 이익을 가지는 것은 자기가 적법한 최고가매수신고인임을 주장하여 자기에게 매각을 허가하여 달라는 것을 주장하는 경우에 한정된다. 따라서 이 경우의 항고권자는 매각결정기일에 집행관으로부터 최고가매수신고인으로 호창된 자나 그러한 호창을 받았어야 했던 자에 한정되고, 매수신고를 하지 않은 자 또는 매수신고를 했으나 보증금을 찾아간 자는 항고권자가 될 수 없다.
단, 항고권자의 채권자가 채권자 대위권에 의하여 항고할 수 있다.

즉시항고의 효력

강제집행절차에서 즉시항고는 집행정지의 효력은 없다. 다만 매각허가결정은 확정이 되어야만 그 효력이 발생하는 것인데, 즉시항고 자체가 그 확정을 차단하는 역할을 하므로 집행정지의 효력이 발생하는 것과 같은 효과가 있다.

따라서 즉시항고가 이유 있다고 판단될 때에는 매각허가결정이 확정되지 않으므로 즉시항고에 대한 확정이 있을 때까지 매각대금납부나 배당 등의 매각절차가 정지되고 항고에 따른 재판이 진행된다.

항고보증금 공탁

매각허가결정에 대한 항고는 이 법에 규정한 매각허가에 대한 이의신청 사유가 있다거나 그 결정절차에 중대한 잘못이 있는 때에만 할 수 있

으며, 매각허가결정에 대하여 항고를 하고자 하는 사람은 보증으로 매
각대금의 10%에 해당하는 금전 또는 법원이 인정한 유가증권을 공탁
하여야 한다.

07 매각대금의 납부

매각대금납부기한일 통지

매각허가결정이 확정되고 항고기간이 지나도록 항고가 없을 때에는 집행법원은 송달기간을 감안하여 2~3주 내로 대금의 지급기한을 정하고, 이를 최고가매수신고인과 차순위매수신고인에게 통지하여야 하며, 매수인은 대금지급기한까지 매각대금을 지급하여야 한다.

대금납부기한

매각대금지급기한일 통지서에 정해진 매각대금지급기한 내에 언제든지 대금을 납부할 수 있다.

매각대금 납부(*대납)

대금은 지정된 기한 내에 집행법원에서 발급하는 납부명령서와 함께 은행에 납부하여야 한다. 매수신청의 보증으로 제공한 금전은 매각대금에 넣는데, 매수신청의 보증으로 금전 외의 것이 제공된 경우로서 매수인이 매각대금 중 보증액을 뺀 나머지 금액만을 낸 때에는 법원은 보증을 현금화하여 그 비용을 뺀 금액을 보증액에 해당하는 매각대금 및 이에 대한 지연이자(*연 12%)에 충당하고, 모자라는 금액이 있으면 다시 대금지급기한을 정하여 매수인으로 하여금 납부하게 한다.

참고로 보증보험증권으로 입찰한 경우는 매수신고가격 전액을 매각대금으로 납부하여야 한다.

매각대금 납부의 효력

매수인은 매각대금을 완납한 때에는 소유권이전등기를 하지 않은 상태라도 경매목적부동산의 소유권을 취득한다. 따라서 차순매수신고인은 신고보증금을 즉시 반환받을 수 있다.

그리고 기존 건축물에 부합된 증축부분이 기존 건물에 대한 경매절차에서 경매목적물로 평가되지 아니한 경우에도 매수인이 증축 부분의 소유권을 취득한다.

매각대금 납부절차
- 법원보관금 납부명령서 수령 : 해당 경매계에서 수령
- 법원보관금 납부명령서 접수 : 납부명령서를 보관금 접수계에 접수
- 법원보관금 영수증 수령 : 지정은행에 납부서 제출과 대금납부
- 법원보관금 영수증 및 완납증명서 2통 제출 : 해당 경매계에 제출
- 매각대금완납증명서 발급 : 해당 경매계에서 발급

공매와 경매가 동시 진행될 경우
국세체납에 의한 압류등기는 국세체납처분에 의한 공매와 강제·임의 경매절차는 각기 독자적으로 진행할 수 있으며, 양 절차 중 먼저 진행된 절차에서 소유권을 매수한 자가 진정한 소유자로 확정된다.

상계 등의 특별한 대금납부 방법

상계의 의의

상계란 채권액과 채무액을 서로 계산하여 차감정리를 하여 정산한다는 뜻이며, 상계로 배당받아야 할 금액을 제외한 대금을 납부할 수 있다.

배당받을 채권자가 동시에 매수인인 경우 매수인은 자기가 수령할 배당액과 매각대금을 배당액에서 상계할 수 있는데, 매각결정기일이 끝날 때까지 법원에 신고하고 허가를 득하여야 배당받아야 할 금액을 제외한 대금을 배당기일에 납부할 수 있다.

그리고 상계허가시 매각대금납부기일은 배당지급일과 같은 날짜로 되고, 법원은 이를 통지하여야 한다.

단, 매수인이 인수한 채무나 배당받아야 할 금액에 대하여 이의가 제기된 때에는 매수인은 배당기일이 끝날 때까지 이에 해당하는 대금을 납부하여야 한다.

상계의 용이성

채권자가 매수인이 된 때에는 상계신청을 하여 대금납부에 소요되는 금액을 채권액만큼 덜 준비해도 될 것이다.

상계신청시 필요서류

- 주민등록등본 1부
- 채권증명서류(*임대차계약서 사본 등) 1부
- 주민등록증
- 도장

관계채권자의 승낙에 의한 대금납부

매수인은 매각조건에 따라 부동산의 부담을 인수하는 외에 배당표의
실시에 관하여 매각대금의 한도에서 관계채권자의 승낙이 있으면 대금
의 지급에 갈음하여 채무를 인수할 수 있다.

최고가매수신고인의 매각대금 미납시 법원은 차순위매수신고인이 있는 경우에는 그에 따른 절차를 진행하고, 그렇지 않은 경우에는 재매각 절차를 진행한다.

차순위매수신고인에 대한 매각허·부결정

매수인이 매각대금지급기한일까지 그 의무를 이행하지 아니할 경우 차순위매수신고인이 있을 때에는 차순위매수신고인에 대하여 새로이 매각결정기일을 지정하고 차순위매수신고인을 상대로 하여 매각허부를 결정한다. 그리고 차순위매수신고인에게 매각허가결정이 난 때에도 최고가매수신고인이 지연이자 및 경과비용을 납부하면 최고가매수신고인에게 대금납부효력이 발생한다.

재매각의 의의

재매각이란 법원이 정한 대금지급기한까지 매수인(*차순위매수신고인 포함)이 매각대금을 완납하지 않는 경우 법원이 직권으로 다시 실시하는 매각을 말한다.

재매각절차 진행 중 매각대금을 납부할 경우

재매각절차가 진행 중일 때에는 재매각기일로 지정된 날의 3일 전까지 종전의 최고가매수신고인과 차순위매수신고인 중 아무라도 먼저 '매각대금납입신고서'를 제출하고, 매각대금과 연 12%의 지연이자 및 절차비용을 납부하면 유효(*매각대금납부의 효과가 발생)하여 그 권리를 취득하게 되며 재매각은 하지 않는다.

재매각 사유

- 매각대금을 마련하지 못하여 대금납부를 하지 못한 경우
- 권리분석의 실패로 인수권리에 대한 추가부담이 발생할 경우
- 매수신고한 부동산의 실제 가치가 매수신고가격보다 현저히 낮을 경우

재매각될 경우 입찰보증금은 몰취

재매각에서는 종전 매수인(*차순위매수신고인 포함)은 당해 경매사건에 다시 입찰참가를 할 수 없으며, 매각대금의 미납으로 재매각되면 최고가매수신고인(*차순위매수신고인 포함)이 납입한 입찰보증금은 몰수되어 배당재원으로 충당된다. 그런데 만약 재매각이 실시되고 있는 중에 매각절차가 취소나 취하가 되는 경우 종전 매수인은 입찰보증금을 반환받을 수 있다.

소유권이전촉탁등기

경매취득을 원인으로 하는 경매목적부동산에 대한 소유권이전등기는 공동신청주의의 예외적 등기로서 일반등기와 다르게 대금을 납부한 매수인 단독신청에 의해 집행법원의 촉탁등기명령에 의하여 경료되는 등기이다.

소유권이전촉탁등기 절차

구비서류 등은 집행법원(*해당 경매계)에 제출하여야 한다.

- 매각대금 납부 : 매각대금완납증명원, 매각허가결정문 발급
- 조세납부 및 국민주택채권매입 : 등록세(*말소 포함), 교육세(*말소 포함) 및 채권매입. 단, 취득세(*농어촌특별세 포함)는 매각대금납입일로부터 30일 이내에 납부
- 촉탁등기신청 : 송달료, 증지, 말소등기 비용 및 소유권이전등기 비용 등 납부. 매각대금납부일로부터 60일 내에 집행법원에 신청
- 등기촉탁명령 : 집행법원에서 등기관에게 말소·소유권이전등기 촉탁
- 말소대상 등기 말소 및 소유권이전등기 : 등기소에서 말소·소유권이전등기를 한 후 등기부를 집행법원으로 송부
- 소유권이전등기필증 교부 : 집행법원에서 신청자에게 등기필증 교부 또는 송달 신청에 의한 송달

소유권이전등기 촉탁 및 말소시 구비서류

- 매각허가결정문 1부
- 대금완납증명서 1부
- 주민등록등본 1통
- 토지 및 건물 등기부등본 각 1통
- 건축물관리대장 및 토지대장 각 2통_(사본 각 1통 포함)
- 공시지가확인원 1통

소유권이전등기 촉탁신청서

사건번호   타경   호
채권자
채무자
매수인

위 부동산 강제(임의)경매사건에 관해서 위 매수인   는(은) 귀원으로
부터 매각허가결정을 받고 20   년   월   일 대금 전액을 완납했으므로 별
지목록기재부동산에 대하여 소유권이전 및 말소등기를 촉탁하여 주시기 바
랍니다.

첨부서류
1. 부동산목록   4부
2. 부동산등기부등본   1통
3. 토지대장등본   1통
4. 건축물대장등본   1통
5. 주민등록등본   1통
6. 등록세 영수증(*이전, 말소)
7. 수입증지-이전 15,000원, 말소 1건당 3,000원(*토지, 건물 각각임)
8. 말소할 사항(*말소할 각 등기를 특정할 수 있도록 접수일자와 접수번호) 4부

20 년   월   일

위 신청인(매수인)   (인)
연락처(☎)

○○지방법원 ○○지원 귀중

※ 1. 법인등기부등(초)본, 주민등록등(초)본, 토지대장 및 건물대장등본은 발행일로부터 3월 이내
의 것이어야 함
2. 등록세 영수필확인서 및 통지서에 기재된 토지의 시가표준액 및 건물의 과세표준액이 각 500만
원 이상일 때에는 국민주택채권을 매입하고 그 주택채권 발행번호를 기재하여야 함

제3장.

명도(인도)
성공하기

01 관리명령 및 인도명령

관리명령

법원은 매수인 또는 채권자의 신청에 의하여 경매목적부동산에 대하여 매각허가결정 후 인도할 때까지 관리인에게 부동산 관리명령을 할 수 있다. 이러한 것은 부동산의 불법점유자나, 공장경매에 있어 기계류의 망실 또는 유실 등 부동산을 관리하지 아니하고 방치할 경우 제3자나 현 점유자가 훼손할 우려가 있을 때에는 법원에 신청하여 선임한 관리인으로 하여금 관리하게 할 수 있다. 이때 관리인은 법원에서 임명하며, 매수인(*또는 채권자)이 적당한 자를 추천할 수도 있다.

인도명령의 신청인

인도명령의 신청인은 매수인 및 매수인의 포괄승계인(*상속, 유증, 합병)이다.

그러나 경매로 매수한 부동산을 양도받은 매수인의 특별승계인(*매매, 교환, 증여)은 인도명령을 신청하지 못한다. 이는 경매부동산의 매수인이 이를 매각했을 때에도 인도명령신청권은 경매로 취득한 그 매수인에게 있기 때문이다.

인도명령의 상대방

- 채무자, 소유자, 압류 효력 발생 전후의 점유자(*단, 점유권원이 있는 자는
제외 : 대항력 있는 임차인, 유치권자, 법정지상권자 등)
- 채무자와 소유자의 포괄승계인
- 채무자의 동거가족, 채무자의 근친관계자
- 채무자의 피고용인
- 채무자가 법인일 때 그 법인의 점유보조자
- 채무자와 공모하여 집행을 방해할 목적으로 점유한 자

인도명령절차

- 인도명령신청 : 인지세 및 송달료 납부 후 해당 경매계에 접수

매각대금을 납부하고 소유권이 매수인에게 있음에도 불구하고 채무
자, 종전의 소유자와 점유 권원이 없는 임차인이 부동산을 인도하여
주지 아니하는 경우에는 법원에 인도명령신청서를 제출하여 인도명령
을 구한다.

인도명령신청시 필요서류
- 부동산목록 3부
- 등기부등본 1통

- 심리 및 심문 : 채무자 및 소유자는 심리나 심문을 하지 않으며, 임
차인 등의 점유자에 대하여 심리 및 심문
- 인도명령결정 : 집행법원의 결정, 인도명령신청 후 약 5일~2주 소요

- 인도명령결정문 및 송달증명원 발급 : 해당 경매계에서 발급
- 강제집행신청 : 인도명령결정문, 송달증명원 및 인도대상 부분이 부동산의 일부분일 경우에는 도면 각 1부를 첨부하여 집행관사무소에 신청하면서 강제집행비용을 납부

인도명령신청에 따른 유의사항

- 인도명령신청은 대금완납 후 6개월 이내에 신청

매수인은 대금완납 후 6개월이 지나도록 매수인이 간단한 인도명령신청을 하지 않으면 인도명령신청이 아닌 '명도소송'을 하여야 하므로 주의를 요한다.

그러나 인도명령결정문을 대금납부 후 6개월 이내에 받아 놓은 상태라면 10년 내에 인도집행을 하면 되므로 별도의 소송은 필요 없다.

- 대금납부 후 인도명령신청 동시에 점유이전금지 가처분신청

점유이전금지 가처분신청을 해놓을 경우 점유자가 중간에 다른 제3자에게 건물을 인도하여도 새로운 점유자를 상대로 인도명령의 효력이 미치므로 다시 그 점유자를 상대로 인도명령신청을 할 필요 없이 강제집행이 가능하기 때문이다.

인도명령의 결정

해당 경매계에 인도명령을 신청하면 매수인이 경매목적물을 용이하게 인도받을 수 있도록 하기 위하여 법원은 신청접수 후 약 2주일 내에 인

도명령결정(*점유자가 매수인에게 대항할 수 있는 권원을 가진 경우에는 제외)을 하고 그 결정의 정본을 신청인과 상대방에게 송달한다.

인도명령을 결정할 때는 상대방을 필요적으로 소유자 및 채무자 이외의 자에 대해서는 점유의 내용과 권원 등을 진술할 기회를 주기 위해 점유자를 심문하되 매수인에게 대항할 수 있는 점유의 권원이 없음이 명백하거나 이미 그 점유자를 심문한 때에는 심문을 생략할 수 있으며, 기타의 점유자가 심문에 불응하면 심문 없이 결정한다.

인도집행계고 신청

법원으로부터 점유자에게 인도명령결정문이 송달되었음에도 불구하고 부동산을 인도하지 않거나 인도 합의가 되지 않을 때에는 아래의 서류를 갖추어서 집행관사무실에 제출하여 계고(*문서로 알려서 일정한 기한 내에 부동산을 비우도록 재촉하는 것) 신청을 한다.

계고신청시 필요서류
- 집행결정문(*민사과나 해당 경매계에서 발급, 인지 500원) 1부
- 송달확정증명원(*민사과나 해당 경매계에서 발급, 인지 500원) 1부

강제집행(인도집행) 신청

집행관이 계고를 하였음에도 불구하고 일정한 기한 내에 점유자가 부동산을 인도하지 않으면 집행관사무소에 인도집행신청을 하면 된다.

이때 강제집행비용을 예납(*접수비, 집행관 수수료, 노무비 등을 미리 납부)하고 점유자의 점유 부동산이 부동산의 일부분일 경우에는 도면 1부 첨부하여 제출하면 된다.

만약 집행비용을 예납하고 집행관의 실제 집행이 있기 전에 채무자와 이사합의나 채무자 스스로 건물을 인도한 경우에는 집행관의 강제집행이 필요 없게 되므로 그 예납비용을 반환받을 수 있다.

집행비용

인지대, 송달료, 집행관 수수료 등이 집행하여야 할 면적과 분량의 과다로 부득이 인부를 보다 많이 동원해야 하는 경우에는 추가로 노무비가 발생할 수 있고, 집행시 점유자가 부재하여 강제개문을 하거나 동산을 보관해주어야 할 경우에는 이삿짐 보관료 등이 추가로 부담될 수 있다.

인도명령신청서

사건번호   타경   호

채권자   성명
          주소

채무자   성명
          주소

매수인   성명
          주소

위 부동산 임의(강제)경매사건에 관해서 매수인은 20　년　월　일에 매각대금을 완납했으므로 채무자(소유자 또는 임차인)에게 부동산의 인도를 청구했으나 불응하므로 별지기재의 부동산을 매수인에게 인도하게 하는 명령을 구합니다.

첨부서류
1. 부동산의 표시　3부
2. 송달료 납부서　1부
3. 등기부등본　　1부

*신청서에 수입인지 1,000원 부착

20　년　월　일
위 매수인　　　　　　　(인)
연락처(☎)

○○지방법원 ○○지원　귀중

안내 통고서

수신자
성명 :
주소 :

발신자
성명 :
주소 :

안녕하십니까? 금번에　　　타경　　　호 물건을 낙찰받은 ○○○입니다. 다름이 아니오라 알려드릴 말씀이 있어 부득이 안내통고서를 보내게 됨을 양지해주시기 바랍니다.

귀하가 배당금을 수령하기 위해서는 배당지급일에 매수인의 인감이 날인된 명도확인서와 매수인의 인감증명서도 함께 제출하여야만 임차보증금에 대한 배당을 받을 수 있습니다. 그러므로 임차인이 배당을 받기 위해 명도확인서 등의 발급을 요구해오면 매수인은 발급해주어야 할 의무가 있습니다. 그러나 임차인께서 이의 발급을 요구한다고 해서 무조건 매수인이 이 서류들을 발급해주어야 하는 것은 아닙니다.

매수인으로부터 명도확인서와 인감증명서를 받기 위해 귀하께서는
1. 임차목적물의 변경과 훼손을 해서는 아니 되며,
2. 임차목적물의 사용으로 발생한 제세공과금을 모두 청산하여야 하며,
3. 임차목적물의 내에 있는 쓰레기와 점유물을 완전히 반출하여야 하며,
4. 임차목적물의 내외부의 열쇠를 모두 반납하여야 하는 의무를 이행하여야 합니다.

따라서 임차인께서 이의 의무를 이행하지 않을 시 본 매수인은 명도확인서

등의 발급을 해줄 수 없습니다. 이는 매수인에게 법으로 주어진 절대적인 권한입니다.

또한 이의 이행이 되지 않을 때에는 매수인은 귀하의 인도지체와 인도거절사유로 법원의 집행관으로 하여금 인도집행을 하게 할 수 있고, 그에 따른 손해배상과 귀하가 취하게 되는 부당이득(*낙찰대금의 년 12%에 상당하는 임료)에 대해 귀하가 앞으로 수령하게 될 배당금이나 그 외의 재산에 대해 압류조치도 할 수 있습니다.

그러므로 서로 불미스런 일이 발생하지 않도록 배당지급기일까지는 어떠한 일이 있어도 귀하가 점유하고 있는 임차목적물을 위에 열거한 내용대로 온전히 해서 인도해주십시오.

참고로 위의 내용들이 협박성이 있다거나 불법적인 내용이 있는지를 가까운 변호사나 법무사에게 반드시 문의하시기를 바랍니다.

20 년 월 일

위 발신인   (인)
연락처(☎)

통고서를 보내는 이유

매수인이 대금납부 후 소유권을 취득하면 매수인은 부동산을 인도받아야 하는데, 임차인의 경우는 배당표확정일(*배당표확정일이 되기까지에는 매수인의 대금납부기한일로부터 약 1개월 소요)까지 거주하더라도 임차인의 부당이득이라 할 수 없으므로(*대판 2004. 8. 30 선고 2003다23885) 점유권원이 없는 임차인마저도 매수인의 정상적인 대금납부 후 약 1개월 정도가 되어서야 배당지급이 될 것이고, 그 배당을 확인한 후에 그때서야 이사할 곳을 알아보고 이삿날을 잡는다면 대금납부 후 약 2개월 만에 주택을 인도받게 될 소지가 있어 난감하게 될 때가 많다.

그리고 매수인의 대금납부 후 익일부터 부당이득을 취하게 되는 소유자나 채무자인 경우에도 인도협상에 잘 응하지 않는 경향이 있다.

이러한 경우 인도기간을 앞당기거나 인도협상에 유리하게 하기 위하여 임차인이나 소유자 등에게 매수인이 법적 조치를 할 수 있는 내용을 담은 '통고서'를 인도대상에 따라 그 내용을 경우에 맞추어서 3부 작성한 후 우체국에 가서 내용증명으로 보낼 필요가 있다.

명도 확인서

사건번호　　　　　　　타경　　　　호
매수인　성명
　　　　주소

임차인　성명
　　　　주소

위 부동산 임의(강제)경매사건의 부동산에 관해서 임차인　　　　　는(은)
그 점유부동산을 매수인　　　　에게 명도했음을 확인합니다.

첨부서류
1. 매수인 인감증명　1통

　　　　　　　20　년　월　일
　　　　위 매수인　　　　　　　　(인)
　　　　연락처(☎)

　　　　○○지방법원 ○○지원　귀중

02 짐(동산)만 남겨놓은 경우의 명도방법

증인입회

집행시 채무자 등의 점유자가 부재중이거나 또는 집행방해목적으로 문을 열어주지 않아 2회의 집행을 하지 못하였을 때에는 성년 2인이나 특별시·광역시의 구 또는 동 직원, 시·군·읍·면 직원 또는 경찰공무원 중 한 사람(*앞에 규정된 공무원은 정당한 사유 없이 증인참여 요구를 거절할 수 없음)을 증인으로 참석하게 하여 이들의 입회하에 강제로 문을 열고 채무자 등의 소유 물건들을 건물 밖으로 들어낼 수가 있다.

창고보관

물건을 들어내는 경우 점유자가 있을 경우에는 건물 밖으로 들어내도 되지만, 점유자가 없을 경우에는 입회자의 참여하에 집행관은 가재도구 등의 동산목록을 작성하여 인도명령신청자(*매수인 또는 채권자)의 협조를 얻어 보관장소를 예약하거나, 채권자에게 보관장소를 제공받아 동산을 보관하도록 할 수 있다.

창고보관에 따른 동산처리

이삿짐센터(*유료창고)의 보관료는 선불로 매수인이 우선 부담한다. 그런 후 채무자(*점유자)가 보관료를 지급하지 않을 경우에는 채무자 상대로 보관료 비용에 대한 집행권원확보 후 동산경매를 신청하고, 그 동산의 매각대금으로 동산경매절차 비용과 매수인이 선불 지급한 이삿짐 보관료 등을 공제하고 부족하면 매수인(*채권자)이 부담하고, 남음이 있으면 법원에 공탁하는 것으로 종료된다. 이때 만약 부족금이 있다면 매수인이 부담하고, 매수인은 그 부족금에 대하여는 임차인(*채무자)을 상대로 채권을 확보할 뿐이다.

참고로 위와 같이 진행이 되면 매수인이 동산의 경매가격이 많이 저가로 되었을 때 직접 낙찰받고 보관료 등과 상계처리한 후 그 동산 등을 합법적으로 처분함으로써 종결짓는다.

점유자도 없고 점유자의 동산이 없을 경우의 인도

점유자도 없고 점유자의 동산이 없을 경우에는 매수인의 소유권에 의하여 바로 인도(*입주)하면 된다. 그러나 가급적 증인, 즉 관리사무소나 이웃 사람 등을 입회하게 하는 것이 좋으며, 이때에 현장을 사진 등을 찍어서 보관하고 있으면 나중의 분쟁을 방지할 수 있어 더욱 좋다.

인도받을 부동산 내에 압류나 가처분된 동산이 있을 경우

인도받을 부동산 내에 압류나 가처분된 동산이 있을 경우 권리자와 협의를 하여 가처분등기를 소멸되게 하거나, 압류된 동산을 인도명령 전에 먼저 동산경매신청을 하여 경매처리되게 하여야 한다.

이때 위의 권리자들이 협조를 하지 않고 처리하기를 꺼려하거나 점유자가 행방불명이 된 경우에는 이삿짐센터 등에 동산을 보관하고, 앞에서 설명한대로 창고보관에 따른 동산처리의 방법으로 해결하면 된다.

압류동산의 처분기간

압류동산은 3개월 이내에 처분하여야 한다. 만약 압류채권자가 3개월이 지나도록 그 동산의 처분을 하지 않을 경우 법원은 압류권자에게 2회의 처분촉구를 하며, 그래도 이의 시행이 되지 않으면 법원은 직권으로 그 동산압류를 취소한다.

외국인이 임차하고 있는 경매물건

외국인 임차인도 출입국관리법에 따라 90일 이상 장기체류시 법무부 출입국관리사무소에서 외국인등록번호를 부여받으면 내국인 임차인과 동일하게 권리신고 및 배당요구를 할 수 있다.

그리고 외국인이 임차하고 있는 건물은 외국인등록번호를 모르면 인도집행이 불가능하다. 따라서 집행기록에 외국 임차인에 대한 신상기록의 기재 유무를 정확히 확인한 후 입찰에 응하여야 한다.

유체동산 경매허가신청서

사건번호   타경   호

채권자   성명

        주소

채무자   성명

        주소

위 당사자 간 귀원의   호 부동산 인도(명도)집행신청사건에 관해서 건물인도집행시 채무자 등이 나타나지 아니해서 채권자가 별지기재목록 물품들을   에 임시보관하고 있으나 보관비용이 월   원으로 과다 지출되고 있고, 채무자와는 전화나 어떤 연락이 일체 두절된 상태에 있으며, 별지기재목록의 물품들을 장기보관할 경우 그 물품들이 훼손 및 도난사고의 우려가 있으므로 채무자 소유의 유체동산을 긴급 매각하는 등 조치를 해주시기를 바랍니다.

첨부서류 : 별지기재목록 1부

20 년 월 일

위 채권자   (인)

연락처(☎)

○○지방법원 ○○지원 귀중

집행관은 매수인으로부터 인도·명도신청이 있게 되면 법적 권한을 가지고 그 절차에 따라 인도·명도를 하게 되는데, 이의 집행이 채무자나 점유자들이 국가의 공권력에 대해 완강한 거부 등으로 도저히 집행관들의 능력으로는 해결이 되지 않을 때에는 보다 강력한 힘이 필요로 하게 될 것이다. 따라서 이러한 경우 집행관은 국군원조의 요청을 할 수 있다.

결론적으로 국군원조요청권은 집행관에게 있으나 결국 매수인을 위한 법으로서 매수인에게 엄청난 권리를 부여하고 있는 아주 강력한 법이다.

집행관의 강제력 사용(*민사집행법 제5조)
집행관은 집행을 하기 위하여 필요한 경우에는 채무자의 주거·창고 그 밖의 장소를 수색하고, 잠근 문과 기구를 여는 등 적절한 조치를 할 수 있다.

이 경우에 저항을 받으면 집행관은 경찰 또는 국군의 원조를 요청할 수 있으며, 국군의 원조는 법원에 신청하여야 하며, 법원이 국군의 원조를 요청하는 절차는 대법원규칙으로 정한다.

국군원조요청의 절차(*민사집행규칙 제4조)

법원이 하는 국군원조의 요청은 다음의 사항을 적은 서면으로 하여야 하며, 작성한 서면은 법원장 또는 지원장과 법원행정처장을 거쳐 국방부장관에게 보내야 한다.

- 사건의 표시
- 채권자·채무자와 그 대리인의 표시
- 원조를 요청한 집행관의 표시
- 집행할 일시와 장소
- 원조가 필요한 사유와 원조의 내용

04 경매에서 알면 도움이 되는 형법

공무상비밀표시무효(제140조)

① 공무원이 그 직무에 관하여 실시한 봉인 또는 압류 기타 강제처분의 표시를 손상 또는 은닉하거나 기타 방법으로 그 효용을 해한 자는 5년 이하의 징역 또는 700만 원 이하의 벌금에 처한다.

② 공무원이 그 직무에 관하여 봉함 기타 비밀장치한 문서 또는 도화를 개봉한 자도 제1항의 형과 같다.

③ 공무원이 그 직무에 관하여 봉함 기타 비밀장치한 문서, 도화 또는 전자기록 등 특수매체기록을 기술적 수단을 이용하여 그 내용을 알아낸 자도 제1항의 형과 같다.

부동산강제집행효용침해(제140조의2)

강제집행으로 명도 또는 인도된 부동산에 침입하거나 기타 방법으로 강제집행의 효용을 해한 자는 5년 이하의 징역 또는 700만 원 이하의 벌금에 처한다.

공무상보관물의 무효(제142조)

공무소로부터 보관명령을 받거나 공무소의 명령으로 타인이 관리하는 자기의 물건을 손상 또는 은닉하거나 기타 방법으로 그 효용을 해한 자는 5년 이하의 징역 또는 700만 원 이하의 벌금에 처한다.

경매, 입찰의 방해(제315조)
위계 또는 위력 기타 방법으로 경매 또는 입찰의 공정을 해한 자는 2년 이하의 징역 또는 700만 원 이하의 벌금에 처한다.

주거침입, 퇴거불응(제319조)
① 사람의 주거, 관리하는 건조물, 선박이나 항공기 또는 점유하는 방실에 침입한 자는 3년 이하의 징역 또는 500만 원 이하의 벌금에 처한다.
② 전항의 장소에서 퇴거요구를 받고 응하지 아니한 자도 전항의 형과 같다.

특수주거침입(제320조)
단체 또는 다중의 위력을 보이거나 위험한 물건을 휴대하여 전조의 죄를 범한 때에는 5년 이하의 징역에 처한다.

권리행사방해(제323조)
타인의 점유 또는 권리의 목적이 된 자기의 물건 또는 전자기록 등 특수매체기록을 취거, 은닉 또는 손괴하여 타인의 권리행사를 방해한 자는 5년 이하의 징역 또는 700만 원 이하의 벌금에 처한다.

강제집행면탈(제327조)
강제집행을 면할 목적으로 재산을 은닉, 손괴, 위장양도 또는 허위의

채무를 부담하여 채권자를 해한 자는 3년 이하의 징역 또는 1천만 원
이하의 벌금에 처한다.

부당이득(제349조)

① 사람의 궁박한 상태를 이용하여 현저하게 부당한 이익을 취득한 자
는 3년 이하의 징역 또는 1천만 원 이하의 벌금에 처한다.

② 전항의 방법으로 제3자로 하여금 부당한 이익을 취득하게 한 때에
도 전항의 형과 같다.

05 명도소송에 대하여

명도소송

인도명령대상 기한 6개월을 넘긴 경우의 점유자 또는 인도명령 대상자가 아닌 점유자인 경우에는 별도의 소유권에 기한 명도소송을 제기하여 확정판결(*집행권원)을 받은 후에 강제집행에 의하여 명도받는다.

명도소송신청인

매수인, 매수인의 포괄승계인과 특별승계인이 소송신청인이 될 수 있다.

명도소송의 상대방

- 인도명령의 대상이 아닌 점유자
- 압류효력 발생 전후에 관계없이 유치권자
- 매수인으로부터 새로 임차한 자
- 매수인으로부터 부동산을 매수한 자
- 채무자이며 선순위 대항력 있는 임차인
- 인도명령 대상자로 인도명령신청 기한이 6개월을 경과한 점유자

명도소송절차

- 소장 접수 : 법원민사신청과에 접수하면서 인지대 및 송달료 납부

- 재판(*심리 및 결심) : 승소판결
- 집행문 부여 : 법원 민사과에서 발급
- 강제집행신청 : 승소판결 정본, 집행문, 송달증명원 및 명도대상 부분의 도면을 각1부 첨부하여 집행관사무소에 신청하면서 강제집행비용을 납부
- 명도집행 : 집행관의 명도집행

명도소송시 유의사항

- 명도소송시 반드시 실제로 점유하고 있는 자가 누구인지를 확인하여야 하며, 이때 임대차계약서상이나 사업자등록증상의 명의자가 다른 경우에는 그 제3자도 명도소송의 상대방으로 하여 소송을 하여야 한다.
- 건물 전체나 1층 전부, 2층 전부처럼 쉽게 특정할 수 있는 명도목적물일 경우는 별다른 문제가 없으나, 건물의 일부분을 명도하여야 할 때에는 반드시 명도 목적물을 건축물관리대장상의 도면과 대조하여 이를 참조한 후 위치와 면적을 특정 표시하여야 한다.

• 점유부분에 대한 면적, 세대수 등 '상세도면'을 첨부하여 다른 사람에게 불법 점유시키지 못하도록 '명도소송'과 '점유이전금지가처분신청'을 동시에 하여야 하며, 점유이전금지가처분을 병행하지 않은 상태에서 채무자가 제3자에게 점유를 이전시켜버렸을 경우에는 다시 소송을 해야 하는 불이익을 당할 수도 있으므로 반드시 이를 병행하여야 한다.

• 명도소송의 경우 전소유자가 서류송달을 기피하고, 문을 열어주지 않거나 다른 곳으로 피할 경우 재송달신청이나 특별송달신청, 공시송달신청을 하여 송달이 되게 하여야 한다.

• 대개 명도소송 기간은 약 3~5개월 정도 소요되고, 상대방의 항소 등으로 인하여 경우에 따라서는 약 6~7개월 정도가 소요될 수도 있다. 보통 1심법원에서 "가집행을 할 수 있다"는 판결을 득하기 때문에 1심 판결 후 즉시 명도집행을 할 수 있다.

• 소송시 변호사를 선임하면 최소 약 600만 원 정도의 선임료가 소요되며, 손해배상 및 임대료청구시 상대방의 점유부분에 대한 감정을 해야 하므로 추가로 부동산 감정비용이 든다.

명도소송에 대한 항고

항고가 제기되는 경우 항고에 대한 재판이 끝날 때까지 매수인 등은 기다릴 수밖에 없으며, 대법원에 재항고가 제기되는 경우에는 최장 6개월(*항고 3개월, 재항고 3개월) 정도가 소요된다.

항고는 전소유자(*채무자), 세입자, 매수인이 제기할 수 있는데, 전소유자나 매수인은 매각대금의 10%를 보증으로 제공하여야 한다.

제4장.

상가건물임대차보호법 핵심정리

이 법은 상가건물임대차에 관하여 민법에 대한 특례를 규정함으로써 국민 경제생활의 안정을 보장함을 그 목적으로 하며, 상가건물임대차의 공정한 거래질서를 확립하고 영세상인들이 안정적으로 생업에 종사할 수 있도록 세입자의 권리를 보장하기 위하여 제정된 법률이다.

상가건물임대차보호법 적용범위

이 법은 사업자등록의 대상이 되는 건물과 임대차 목적물의 주된 부분을 영업용으로 사용하는 경우에 대하여 적용하고, 지역별 한도 환산보증금을 초과하는 임대차에는 적용되지 않는다.

지역별 한도 환산보증금을 초과하더라도 적용되는 법조·항

상가건물임대차보호법은 주택임대차보호법과는 달리 지역별 한도 환산보증금을 초과하는 임대차의 경우에는 적용하지 않으나 아래 일부의 법조·항은 적용하고 있다. 따라서 이것은 '한도 환산보증금을 초과시도 적용'이라고 표기하였다.

- 상가건물임대차보호법 제3조(대항력)
- 상가건물임대차보호법 제10조(계약갱신 요구 등)에서 제1항, 제2항, 제3

항의 본문

- 상가건물임대차보호법 제10조의2(계약갱신의 특례)
- 상가건물임대차보호법 제10조의3(권리금의 정의 등)
- 상가건물임대차보호법 제10조의4(권리금 회수기회 보호 등)
- 상가건물임대차보호법 제10조의5(권리금 적용 제외)
- 상가건물임대차보호법 제10조의6(표준권리금계약서의 작성 등)
- 상가건물임대차보호법 제10조의7(권리금 평가기준의 고시)
- 상가건물임대차보호법 제10조의8(차임연체와 해지)
- 상가건물임대차보호법 제19조(표준계약서의 작성 등)

상가건물임대차보호법의 적용실례

- 상가건물임대차보호법 적용대상 상가

기본적으로 영업용 건물만 해당되므로 동창회사무실 등 비영리단체의 건물임대차에는 적용되지 않는다.

- 상가건물임대차보호법은 법인의 경우에도 적용

상가건물의 경우 법인은 사업자등록을 할 수가 있으므로 상가건물임대차보호법의 보호 대상이 된다.

- 상가건물임대차보호법상 전차인의 경우

전차인은 전대인에게 계약갱신요구권, 차임 등의 증감청구권 및 월차임 전환시 산정률 제한 등의 권리가 적용된다. 하지만 전대인에 대하여 권리를 행사할 수 있을 뿐이며 임대인에게는 그 권리를 주장할 수 없다. 다만 임대인의 동의를 받고 전차한 경우에는 임차인의 계약갱신요구권 기간 내에서 임차인을 대위하여 계약갱신요구를 주장할 수 있다.

상가건물임대차보호법상 전차인

전차인의 경우 한 가지 알아두어야 할 것은 상가건물임대차보호법상 전차인은 주택임대차보호법상의 전차인과는 달리 확정일자의 부여대상이 아니다. 왜냐하면 전차인은 제3자에 대한 대항력 및 우선변제권 등의 권리가 상가건물임대차보호법에서는 규정되어 있지 않기 때문이다. 그러므로 업무처리 과정에서 전차인과 임차인을 구별할 수 없어 확정일자를 부여 한 경우에도 전차인은 대항력이 발생하지 않으므로 우선변제권을 얻을 수 없다.

다만 전차인은 전대인이 임차인으로서 건물인도와 사업자등록 및 확정일자를 받아 우선변제권을 득한 경우 임차인의 임대보증금에 대하여 민법규정의 채권자 대위권을 행사하여 적극적으로 채권(*임차보증금)을 변제받을 수 있다.

상가건물을 임차하고 사업자등록을 마친 사업자가 임차건물의 전대차 등으로 당해 사업을 개시하지 않거나 사실상 폐업한 경우, 임차인이 상가건물임대차보호법상의 대항력 및 우선변제권을 유지하기 위한 방법(대판 2006. 1. 13 선고 2005다64002 [2])

부가가치세법 제5조제4항, 제5항의 규정 취지에 비추어 보면, 상가건물을 임차하고 사업자등록을 마친 사업자가 임차건물의 전대차 등으로 당해 사업을 개시하지 않거나 사실상 폐업한 경우에는 그 사업자등록은 부가가치세법 및 상가건물임대차보호법이 상가임대차의 공시 방법으로 요구하는 적법한 사업자등록이라고 볼 수 없고, 이 경우 임차인이 상가건물임대차보호법상의 대항력 및 우선변제권을 유지하기 위해서는 건물을 직접 점유하면서 사업을 운영하는 전차인이 그 명의로 사업자등록을 하여야 한다.

대항력 등(상가건물임대차보호법 제3조) **:** * 한도 환산보증금 초과시도 적용

① 임대차는 그 등기가 없는 경우에도 임차인이 건물의 인도와 사업자등록을 신청하면 그다음 날부터 제3자에 대하여 효력이 생긴다.

② 임차건물의 양수인(*그 밖에 임대할 권리를 승계한 자를 포함)은 임대인의 지위를 승계한 것으로 본다.

③ 임대차의 목적이 된 건물이 매매 또는 경매의 목적물이 된 경우에는 민법 제575조제1항·제3항 및 제578조를 준용한다.

④ 제3항의 경우에는 민법 제536조를 준용한다.

제한물권있는 경우와 매도인의 담보책임(민법 제575조)

① 매매의 목적물이 지상권, 지역권, 전세권, 질권 또는 유치권의 목적이 된 경우에 매수인이 이를 알지 못한 때에는 이로 인하여 계약의 목적을 달성할 수 없는 경우에 한하여 매수인은 계약을 해제할 수 있다. 기타의 경우에는 손해배상만을 청구할 수 있다.

② 전항의 규정은 매매의 목적이 된 부동산을 위하여 존재할 지역권이 없거나 그 부동산에 등기된 임대차계약이 있는 경우에 준용한다.

③ 전2항의 권리는 매수인이 그 사실을 안 날로부터 1년 내에 행사하여야 한다.

경매와 매도인의 담보책임(민법 제578조)

① 경매의 경우에는 경락인은 전8조의 규정에 의하여 채무자에게 계약의 해제 또는 대금감액의 청구를 할 수 있다.

② 전항의 경우에 채무자가 자력이 없는 때에는 경락인은 대금의 배당을 받은 채권자에 대하여 그 대금전부나 일부의 반환을 청구할 수 있다.

③ 전2항의 경우에 채무자가 물건 또는 권리의 흠결을 알고 고지하지 아니하거나 채권자가 이를 알고 경매를 청구한 때에는 경락인은 그 흠결을 안 채무자나 채권자에 대하여 손해배상을 청구할 수 있다.

동시이행의 항변권(민법 제536조)

① 쌍무계약의 당사자 일방은 상대방이 그 채무이행을 제공할 때 까지 자기의 채무이행을 거절할 수 있다. 그러나 상대방의 채무가 변제기에 있지 아니하는 때에는 그러하지 아니하다.

② 당사자 일방이 상대방에게 먼저 이행하여야 할 경우에 상대방의 이행이 곤란할 현저한 사유가 있는 때에는 전항 본문과 같다.

상가건물임대차보호법에서의 대항력이란 주택임대차보호법상의 대항력과 마찬가지로 임차인이 대항요건 취득 이후에 매매 등으로 임차건물의 소유권을 취득하는 제3자에 대하여 대항할 수 있는 권리를 말하는 것으로 임차인은 임대차계약기간 동안은 건물주가 바뀌더라도 임차권자로서의 지위를 유지하여 임대차계약기간 동안 점유하고 영업을 할 수 있음은 물론 임대차계약기간이 끝나더라도 보증금을 반환받을 때까지 계속 점유하고 영업을 할 수 있다.

대항요건과 대항력 효력발생일

상가건물임대차보호법상 대항요건은 그 등기가 없는 경우에도 임차인이 상가건물의 인도와 상가건물의 소재지 관할 세무서에 사업자등록을 신청하면 그다음 날(*익일 오전 0시)부터 제3자에 대하여 대항력 효력이 발생한다.

따라서 대항력 효력은 대항요건과 관련된 것이고, 확정일자(*우선변제권)의 유무와는 상관이 없다.

민법상 임대차계약의 해지

기간의 약정 없는 임대차의 해지통고(민법 제635조)

① 임대차기간의 약정이 없는 때에는 당사자는 언제든지 계약해지의 통고를 할 수 있다.

② 상대방이 전항의 통고를 받은 날로부터 다음 각호의 기간이 경과하면 해지의 효력이 생긴다.

  1. 토지, 건물 기타 공작물에 대하여는 임대인이 해지를 통고한 경우에는 6월, 임차인이 해지를 통고한 경우에는 1월

  2. 동산에 대하여는 5일

기간의 약정 있는 임대차의 해지통고(민법 제636조)

임대차기간의 약정이 있는 경우에도 당사자 일방 또는 쌍방이 그 기간 내에 해지할 권리를 보류한 때에는 전조의 규정을 준용한다.

지역별 한도 환산보증금 · 소액 환산보증금 표

법 경과일 (기준일)	지역	한도금액 (환산보증금)	소액보증금 (환산보증금)	최우선변제금
2010. 7. 26 ~ 2013. 12. 31	서울특별시	3억 원 이하	5,000만 원 이하	1,500만 원까지
	과밀억제권역	2억 5,000만 원 이하	4,500만 원 이하	1,350만 원까지
	광역시	1억 8,000만 원 이하	3,000만 원 이하	900만 원까지
	기타 지역	1억 5,000만 원 이하	2,500만 원 이하	750만 원까지
2014. 1. 1 ~ 2018. 1. 25	서울특별시	4억 원 이하	6,500만 원 이하	2,200만 원까지
	과밀억제권역	3억 원 이하	5,500만 원 이하	1,900만 원까지
	광역시	2억 4,000만 원 이하	3,800만 원 이하	1,300만 원까지
	기타 지역	1억 8,000만 원 이하	3,000만 원 이하	1,000만 원까지
2018. 1. 26 ~ 2019. 4. 16	서울특별시	6억 1,000만 원 이하	6,500만 원 이하	2,200만 원까지
	과밀억제권역	5억 원 이하	5,500만 원 이하	1,900만 원까지
	광역시	3억 9,000만 원 이하	3,800만 원 이하	1,300만 원까지
	기타 지역	2억 7,000만 원 이하	3,000만 원 이하	1,000만 원까지
2019. 4. 17 ~ 현재	서울특별시	9억 원 이하	6,500만 원 이하	2,200만 원까지
	과밀억제권역	6억 9,000만 원 이하	5,500만 원 이하	1,900만 원까지
	광역시	5억 4,000만 원 이하	3,800만 원 이하	1,300만 원까지
	기타 지역	3억 7,000만 원 이하	3,000만 원 이하	1,000만 원까지

〈환산보증금〉
환산보증금이란 보증금과 월세환산액(월세를 연 12%의 금리를 적용해서 보증금으로 환산 : 월세
×100)을 합한 금액을 말한다

*단, 앞서 표상 서울특별시를 제외한 과밀억제권역, 광역시, 기타 지역의 구분은 상가건물임대차보
호법 경과별 법률 개정에 의해 다를 수 있다.

예를 들면, 세종특별자치시의 상가건물임대차보호법상 한도 환산보증
금 및 소액 환산보증금은 법 경과일 기준시점은 다음과 같다.

법 경과일	한도금액 (환산보증금)	소액보증금 (환산보증금)	최우선변제금
2012. 7. 1 ~ 2013. 12. 31	1억 5,000만 원 이하	2,500만 원 이하	750만 원까지
2014. 1. 1 ~ 2018. 1. 25	1억 8,000만 원 이하	3,000만 원 이하	1,000만 원까지
2018. 1. 26 ~ 2019. 4. 16	3억 9,000만 원 이하	3,000만 원 이하	1,000만 원까지
2019. 4. 17 ~ 현재	5억 4,000만 원 이하	3,000만 원 이하	1,000만 원까지

04 상가건물임대차보호법의 (최)우선변제권

상가건물임대차보호법의 소액보증금

소액보증금은 이 법 개정 경과별로 지역별 소액환산보증금에 해당되는
금액을 말한다.

상가건물임대차보호법의 최우선변제권

임차인이 상가인도와 사업자등록이라는 대항요건을 갖추어 법 개정 경
과별로 지역별 소액환산보증금에 해당되고, 임차목적물이 경·공매 절
차로 소유권이 이전되는 경우 보증금 중 일정액을 타 권리자보다 최우
선하여 배당을 받을 수 있는 권리를 말한다.

최우선변제권은 상가건물가액(*임대인 소유의 대지가액을 포함)의 1/2의 범위
내에서 타 권리자들보다 최우선적으로 배당받을 수 있다.

최우선변제권에 의한 최우선변제금 배당을 받으려면 배당요구종기일
까지 배당요구를 하여야 한다.

예) 2019년 4월 17일에 시행된 상가건물임대차보호법시행령에 의하면 서울특별시 소재 상가의 경우

최우선변제를 받을 수 있는 임차인은 보증금이 환산보증금으로 6,500만 원 이하일 경우이고, 소액보증금에 해당되는 임차인이라면 타 권리자들보다 최우선하여 상가건물가액(임대인 소유의 대지가액을 포함)의 1/2의 범위 내에서 최고 2,200만 원까지를 최우선적으로 배당받을 수 있다.

상가건물임대차보호법의 최우선변제권에 관한 유의사항

• 하나의 상가건물에 임차인이 2인 이상이고, 그 각 보증금 중 일정액의 합산액이 상가건물가액의 1/2을 초과하는 경우 각 보증금 중 일정액의 합산액에 대한 각 임차인의 보증금 중 일정액의 비율로 그 상가건물가액의 1/2에 해당하는 금액을 분할한 금액을 각 임차인의 보증금 중 일정액으로 본다.

• 최우선변제권을 주장하려면 건물에 대한 경매개시결정등기 전에 대항요건을 갖추어야 하며, 상기의 요건 외에 배당요구종기일까지 배당요구를 하여야 한다.

• 최우선변제권은 확정일자와는 상관이 없다.

• 최우선변제권은 이 법 개정시행 전에 물권을 취득한 제3자에 대하여는 효력이 없다.

상가건물임대차보호법의 우선변제권

상가건물임대차보호법상 확정일자는 사업자등록신청과 마찬가지로

상가건물의 소재지 관할 세무서장이 부여하는 것으로서, 확정일자에 의하여 발생되는 우선변제권이란 상가인도와 사업자등록이라는 대항요건 외에 계약서상에 확정일자를 받아두면 후순위 담보권자나 일반 채권자에 우선하여 배당받을 수 있는 권리이다.

우선변제권은 상가인도와 사업자등록이라는 2가지의 대항요건 외에 계약서에 확정일자를 받아놓으면 상가인도와 사업자등록을 마친 다음 날에 우선변제권의 효력이 발생한다.

상가건물임대차보호법상 확정일자에 의한 우선변제금을 받기위해서는 최우선변제권과 마찬가지로 배당요구종기일까지 배당요구를 하여야만 우선변제권이 있다.

상가건물임대차보호법의 우선변제권에 관한 유의사항

환산보증금이 지역별 한도금액을 초과하면 경·공매절차에서 임차보증금을 보호받을 수 없다. 따라서 지역별 한도 환산보증금을 초과하여 확정일자를 교부받지 못하는 대상자에 해당되는 경우라면 전세권 등을 설정하여 우선변제권을 확보하는 것이 중요하다.

상가 임대기간

계약기간은 자유로이 정할 수 있다. 다만 기간의 정함이 없거나 기간을 1년 미만으로 정한 임대차는 그 기간을 1년으로 보게 되나 이때에도 임차인은 1년 미만으로 정한 기간이 유효함을 주장할 수 있다.

또한 임대차가 종료한 경우에도 임차인이 보증금을 반환받을 때까지는 임대차관계는 존속하는 것으로 본다.

상가임대차는 계약 갱신되어 연장되더라도 최초의 임대차기간을 포함한 전체 임대차기간이 10년(*2018. 10. 16 이전에 최초로 계약한 임대차는 5년)을 초과하지 아니하는 범위에서만 임차할 수 있다.

계약갱신 요구 등(*제10조) : *한도 환산보증금 초과시도 적용

상가건물임대차보호법 제10조에서 아래의 제1항, 제2항, 제3항의 본문은 지역별 한도 환산보증금을 초과하더라도 적용한다.

① 임대인은 임차인이 임대차기간이 만료되기 6개월 전부터 1개월 전까지 사이에 계약갱신을 요구할 경우 정당한 사유 없이 거절하지 못한다. 다만 다음 어느 하나의 경우에는 그러하지 아니하다.

1. 임차인이 3기의 차임액에 해당하는 금액에 이르도록 차임을 연체한 사실이 있는 경우
2. 임차인이 거짓이나 그 밖의 부정한 방법으로 임차한 경우
3. 서로 합의하여 임대인이 임차인에게 상당한 보상을 제공한 경우
4. 임차인이 임대인의 동의 없이 목적 건물의 전부 또는 일부를 전대한 경우
5. 임차인이 임차한 건물의 전부 또는 일부를 고의나 중대한 과실로 파손한 경우
6. 임차한 건물의 전부 또는 일부가 멸실되어 임대차의 목적을 달성하지 못할 경우
7. 임대인이 다음 각목의 어느 하나에 해당하는 사유로 목적 건물의 전부 또는 대부분을 철거하거나 재건축하기 위하여 목적 건물의 점유를 회복할 필요가 있는 경우
   가. 임대차계약 체결 당시 공사시기 및 소요기간 등을 포함한 철거 또는 재건축계획을 임차인에게 구체적으로 고지하고 그 계획에 따르는 경우
   나. 건물이 노후·훼손 또는 일부 멸실되는 등 안전사고의 우려가 있는 경우
   다. 다른 법령에 따라 철거 또는 재건축이 이루어지는 경우
8. 그 밖에 임차인이 임차인으로서의 의무를 현저히 위반하거나 임대차를 계속하기 어려운 중대한 사유가 있는 경우

② 임차인의 계약갱신요구권은 최초의 임대차기간을 포함한 전체 임대차기간이 10년을 초과하지 아니하는 범위에서만 행사할 수 있다.
③ 갱신되는 임대차는 전 임대차와 동일한 조건으로 다시 계약된 것으

로 본다. 다만 차임과 보증금은 제11조(*차임 등의 증감청구권)에 따른 범위에서 증감할 수 있다.

④ 임대인이 제1항의 기간 이내에 임차인에게 갱신 거절의 통지 또는 조건 변경의 통지를 하지 아니한 경우에는 그 기간이 만료된 때에 전 임대차와 동일한 조건으로 다시 임대차한 것으로 본다. 이 경우에 임대차의 존속기간은 1년으로 본다.

⑤ 제4항의 경우 임차인은 언제든지 임대인에게 계약해지의 통고를 할 수 있고, 임대인이 통고를 받은 날부터 3개월이 지나면 효력이 발생한다.

*제3항 단서와 제4항, 제5항은 지역별 한도 환산보증금을 초과하는 임차인에게는 적용하지 않는다.

상가건물임대차보호법 계약갱신의 특례(*10조의2) : *한도 환산보증금 초과시도 적용

상가건물임대차보호법 계약갱신의 특례는 상가건물임대차보호법 제10조제3항 단서에 의하여 지역별 한도 환산보증금을 초과하는 임대차의 계약갱신의 경우에는 당사자는 상가건물에 관한 조세, 공과금, 주변 상가건물의 차임 및 보증금, 그 밖의 부담이나 경제사정의 변동 등을 고려하여 차임과 보증금의 증감을 청구할 수 있다.

상가건물임대차보호법상 차임 등의 증감청구권(*제11조)

① 차임 또는 보증금이 임차건물에 관한 조세, 공과금, 그 밖의 부담의 증감이나 감염병의 예방 및 관리에 관한 법률에 따른 제1급감염병 등에 의한 경제사정의 변동으로 인하여 상당하지 아니하게 된 경우에는 당사자는 장래의 차임 또는 보증금에 대하여 증감을 청구할 수 있다. 그러나 증액의 경우에는 차임 또는 보증금의 증액청구는 청구당시의 차임 또는 보증금의 100분의 5의 금액을 초과하지 못한다.

② 증액 청구는 임대차계약 또는 약정한 차임 등의 증액이 있은 후 1년 이내에는 하지 못한다.

③ 감염병의 예방 및 관리에 관한 법률에 따른 제1급감염병에 의한 경제사정의 변동으로 차임 등이 감액된 후 임대인이 제1항에 따라 증액을 청구하는 경우에는 증액된 차임 등이 감액 전 차임 등의 금액에 달할 때까지는 증액의 경우 "보증금의 증액청구는 청구당시의 차임 또는 보증금의 100분의 5의 금액을 초과하지 못한다"라는 제1항의 단서를 적용하지 아니한다.

상가건물임대차보호법상 월차임 전환시 산정률의 제한(*제12조)

보증금의 전부 또는 일부를 월 단위의 차임으로 전환하는 경우에는 그 전환되는 금액에 다음 각호 중 낮은 비율을 곱한 월 차임의 범위를 초과할 수 없다.

1. 은행법에 따른 은행의 대출금리 및 해당 지역의 경제 여건 등을 고려하여 정하는 연 1할 2푼의 비율
2. 한국은행에서 공시한 기준금리에 4.5배를 곱한 비율

참고로 상가건물임대차보호법 제11조(*차임 등의 증감청구권)와 제12조(*월차임 전환시 산정률의 제한)에서는 지역별 한도 환산보증금을 초과하는 임차인에 대하여는 적용하지 않는다. 따라서 이런 경우에 해당하는 상가 임차인은 임대인으로부터 과도한 차임의 증액과 월차임 전환시도 과도한 산정이율을 요구당할 수 있다는 점을 잘 알고 있어야 한다.

상가건물임대차보호법상 차임연체와 해지(*제10조의8) : *한도 환산보증금 초과시도 적용

임차인의 차임연체액이 3기의 차임액에 달하는 때에는 임대인은 계약을 해지할 수 있다.

상가건물임대차보호법 권리금의 정의(*10조의3) ： *한도 환산보증금
초과시도 적용

① 권리금이란 임대차 목적물인 상가건물에서 영업을 하는 자 또는 영
업을 하려는 자가 영업시설·비품, 거래처, 신용, 영업상의 노하우, 상가
건물의 위치에 따른 영업상의 이점 등 유형·무형의 재산적 가치의 양도
또는 이용대가로서 임대인, 임차인에게 보증금과 차임 이외에 지급하는
금전 등의 대가를 말한다.
② 권리금 계약이란 신규임차인이 되려는 자가 임차인에게 권리금을 지
급하기로 하는 계약을 말한다.

상가건물임대차보호법 권리금 회수기회 보호(*제10조의4) ： *한도
환산보증금 초과시도 적용

① 임대인은 임대차기간이 끝나기 6개월 전부터 임대차 종료시까지 다
음 각호의 어느 하나에 해당하는 행위를 함으로써 권리금 계약에 따라
임차인이 주선한 신규임차인이 되려는 자로부터 권리금을 지급받는 것
을 방해하여서는 아니 된다. 다만 계약갱신거절 사유가 있는 경우에는
그러하지 아니하다.
  1. 임차인이 주선한 신규임차인이 되려는 자에게 권리금을 요구하거

나 임차인이 주선한 신규임차인이 되려는 자로부터 권리금을 수수하는 행위

2. 임차인이 주선한 신규임차인이 되려는 자로 하여금 임차인에게 권리금을 지급하지 못하게 하는 행위

3. 임차인이 주선한 신규임차인이 되려는 자에게 상가건물에 관한 조세, 공과금, 주변 상가건물의 차임 및 보증금, 그 밖의 부담에 따른 금액에 비추어 현저히 고액의 차임과 보증금을 요구하는 행위

4. 그 밖에 정당한 사유 없이 임대인이 임차인이 주선한 신규임차인이 되려는 자와 임대차계약의 체결을 거절하는 행위

② 다음 각호의 어느 하나에 해당하는 경우에는 제1항제4호의 정당한 사유가 있는 것으로 본다.

1. 임차인이 주선한 신규임차인이 되려는 자가 보증금 또는 차임을 지급할 자력이 없는 경우

2. 임차인이 주선한 신규임차인이 되려는 자가 임차인으로서의 의무를 위반할 우려가 있거나 그 밖에 임대차를 유지하기 어려운 상당한 사유가 있는 경우

3. 임대차 목적물인 상가건물을 1년 6개월 이상 영리목적으로 사용하지 아니한 경우

4. 임대인이 선택한 신규임차인이 임차인과 권리금 계약을 체결하고 그 권리금을 지급한 경우

③ 임대인이 제1항을 위반하여 임차인에게 손해를 발생하게 한 때에는

그 손해를 배상할 책임이 있다. 이 경우 그 손해배상액은 신규임차인이 임차인에게 지급하기로 한 권리금과 임대차 종료 당시의 권리금 중 낮은 금액을 넘지 못한다.

④ 제3항에 따라 임대인에게 손해배상을 청구할 권리는 임대차가 종료한 날부터 3년 이내에 행사하지 아니하면 시효의 완성으로 소멸한다.

⑤ 임차인은 임대인에게 임차인이 주선한 신규임차인이 되려는 자의 보증금 및 차임을 지급할 자력 또는 그 밖에 임차인으로서의 의무를 이행할 의사 및 능력에 관하여 자신이 알고 있는 정보를 제공하여야 한다.

권리금 적용 제외(*제10조의5) : *한도 환산보증금 초과시도 적용
권리금회수는 다음 각호의 어느 하나에 해당하는 상가건물임대차의 경우에는 적용하지 아니한다.

1. 임대차 목적물인 상가건물이 유통산업발전법 제2조에 따른 대규모점포 또는 준대규모점포의 일부인 경우. 단, 특별자치시장·특별자치도지사·시장·군수·자치구청장이 인정하는 전통시장은 제외한다.

2. 임대차 목적물인 상가건물이 국유재산법에 따른 국유재산 또는 공유재산 및 물품 관리법에 따른 공유재산인 경우

권리금 평가기준의 고시(*제10조의7) : *한도 환산보증금 초과시도 적용
국토교통부장관은 권리금에 대한 감정평가의 절차와 방법 등에 관한 기준을 고시할 수 있다.

표준권리금계약서의 작성(*제10조의6) : *한도 환산보증금 초과시도 적용

국토교통부장관은 법무부장관과 협의를 거쳐 임차인과 신규임차인이

되려는 자의 권리금 계약 체결을 위한 표준권리금계약서를 정하여 그

사용을 권장할 수 있다.

확정일자 부여 및 임대차정보의 제공

• 확정일자는 상가건물의 소재지 관할 세무서장이 부여한다.

• 관할 세무서장은 해당 상가건물의 소재지, 확정일자 부여일, 차임 및 보증금 등을 기재한 확정일자부를 작성하여야 한다. 이 경우 전산정보 처리조직을 이용할 수 있다.

• 상가건물의 임대차에 이해관계가 있는 자는 관할 세무서장에게 해당 상가건물의 확정일자 부여일, 차임 및 보증금 등 정보의 제공을 요청할 수 있다. 이 경우 요청을 받은 관할 세무서장은 정당한 사유 없이 이를 거부할 수 없다.

• 임대차계약을 체결하려는 자는 임대인의 동의를 받아 관할 세무서장에게 정보제공을 요청할 수 있다.

• 확정일자부에 기재하여야 할 사항, 상가건물의 임대차에 이해관계가 있는 자의 범위, 관할 세무서장에게 요청할 수 있는 정보의 범위 및 그 밖에 확정일자 부여사무와 정보제공 등에 필요한 사항은 대통령령으로 정한다.

확정일자부 기재사항

• 상가건물 임대차 계약증서 원본을 소지한 임차인은 상가건물의 소

재지 관할 세무서장에게 확정일자 부여를 신청할 수 있다. 다만 부가가치세법에 따라 사업자 단위 과세가 적용되는 사업자의 경우 해당 사업자의 본점 또는 주사무소 관할 세무서장에게 확정일자 부여를 신청할 수 있다.

• 확정일자는 확정일자 부여의 신청을 받은 세무서장이 확정일자 번호, 확정일자 부여일 및 관할 세무서장을 상가건물 임대차 계약증서 원본에 표시하고 관인을 찍는 방법으로 부여한다.

• 관할 세무서장은 임대차계약이 변경되거나 갱신된 경우 임차인의 신청에 따라 새로운 확정일자를 부여한다.

• 관할 세무서장이 작성하는 확정일자부에 기재하여야 할 사항은 다음 각호와 같다.

1. 확정일자 번호

2. 확정일자 부여일

3. 임대인·임차인의 인적사항

  가. 자연인인 경우 : 성명, 주민등록번호(외국인은 외국인등록번호)

  나. 법인인 경우 : 법인명, 대표자 성명, 법인등록번호

  다. 법인 아닌 단체인 경우 : 단체명, 대표자 성명, 사업자등록번호·고유번호

4. 임차인의 상호 및 사업자등록 번호

5. 상가건물의 소재지, 임대차 목적물 및 면적

6. 임대차기간

7. 보증금·차임

이해관계인의 범위

정보의 제공을 요청할 수 있는 상가건물의 임대차에 이해관계가 있는
자는 다음 각호의 어느 하나에 해당하는 자로 한다.

1. 해당 상가건물 임대차계약의 임대인·임차인

2. 해당 상가건물의 소유자

3. 해당 상가건물 또는 그 대지의 등기부에 기록된 권리자 중 법무부
   령으로 정하는 자

4. 우선변제권을 승계한 금융기관 등

5. 위의 자에 준하는 지위 또는 권리를 가지는 자로서 임대차 정보의
   제공에 관하여 법원의 판결을 받은 자

09 사업자등록시 유의사항

사업자등록시 일치성

건물소재지가 등기부등본 또는 건축물관리대장, 사업자등록신청서, 임대차계약서상에서 일치하여야 한다.

일치하지 아니하는 경우 보호를 받지 못할 수도 있다. 따라서 임대차의 목적물이 사실과 일치하도록 하여야 하므로 차이가 나는 경우 사업자등록 정정신고 등을 통하여 일치시켜야 한다.

임대차계약의 내용 변경시 정정신고

임대인의 인적사항, 보증금, 차임, 임대차기간, 면적, 임차목적물, 건물일부 임차시 해당 도면 등이 변경되는 경우 임차인은 사업자등록 정정신고를 반드시 하여야 이 법의 보호를 받을 수 있다.

사업자등록 정정

상가 임차인이 1층에서 사업을 하다 동일건물 내 2층으로 이전시

1층과 2층은 별개의 목적물로 인식된다. 그러므로 2층으로 이전시 1층의 보호받을 권리는 상실되며, 2층의 권리가 이전시점(*점유와 사업자등록 정정신고 다음 날)에 새롭게 발생하게 되는 것이다. 따라서 임차인은 사업자등록 정정신고 및 새로운 임대차계약서상에 확정일자를 받아야 한다.

확정일자 신청시 사업자등록 정정신고서를 함께 제출하는 이유

임차인의 사업자등록사항 등이 임대차계약서상의 내용과 다를 경우에는 정확한 공시가 불가능하고, 임차인의 권리인 대항력 등의 효력에 중대한 문제가 발생할 수 있다. 이와 같은 문제를 사전에 방지하기 위하여 임차인이 확정일자신청시 임대차계약 내용을 사업자등록사항과 일치시키기 위하여 사업자등록 정정신고를 함께 하도록 안내하고 있다.

건물도면을 제출하는 이유

건물도면은 임차목적물이 불명확하여 임차인이 이 법에 의한 보호를 받지 못하는 일이 없도록 하기 위함이고, 도면제출은 세무서 납세서비스센터에 비치된 사업장 도면서식(*기존 임차인에 대해서는 세무서에서 안내문에 동봉하여 발송)을 작성하여 사업자등록신청(*정정)시 제출하면 된다.

제5장.

부동산 경매로 물권 이해하기

물권의 의의

물권은 특정의 물건을 직접 지배하여 이익을 얻는 배타적·절대적인 재산권이다.

물권의 특성

• 물권은 물건을 지배하여 재산상의 이익을 향유하는 대표적인 재산권이다.

• 물권은 물건을 객체로 하는 권리로서 물건이 현존하면 물권이 발생하고, 물건이 멸실되면 물권도 소멸한다.

• 물권은 타인의 행위가 개입되지 않더라도 직접 물건을 이용하여 사용·수익·처분하여 이익을 얻을 수 있는 직접적 지배권이 있다.

• 물권은 타인의 침해를 배제하기 위하여 물건 위에 물권을 등기 또는 점유의 방식으로 외부에 공시하며, 배타적 지배권이 있다.

• 물권은 특정인에게 주장되는 권리가 아닌 모든 자에게 주장할 수 있는 절대적 권리이다.

• 물권의 양도는 제한을 받는 채권과는 달리 원칙상 그 제한을 받지 않는다. 즉 물권의 양도는 특별히 특약이나 법률로 제한하고 있지 않는 이상 자유롭다.

• 물권의 순서는 시간적으로 먼저 성립한 물권이 우선이다. 같은 종류의 물권들은 동시에 성립되지 않으며, 그 순위는 보통 등기할 때 순위번호와 접수번호를 보고 구분할 수 있다.

채권의 의의

채권은 당사자 사이의 계약에 의해 성립하며, 계약상 채무자인 특정한 사람에게 채무이행, 즉 돈을 갚아 달라고 청구할 수 있는 권리를 말한다.

채권의 특성

• 채권은 당해 채무자에게만 요구할 수 있는 대인청구권이며, 상대권이다. 또한 채권은 물권과는 달리 권리에 관하여 독점적인 지위가 없고, 배타성이 없다.

• 채권은 채권자와 채무자 사이에서 돈을 주고받을 수 있는 권리로서 특정인(*채무자)에게만 주장할 수 있으며, 대부분 공시가 안 된다.

• 채권은 양도할 수 있으나 제한적이다. 즉 채권은 채권의 성질이 양도를 허용하지 아니하는 때와 당사자가 반대의 의사를 표시한 경우에는 양도하지 못한다. 예를 들면 임차권의 양도는 임대인의 동의가 필요하다. 또한 지명채권의 양도는 양도인이 채무자에게 통지하거나 채무자가 승낙하여야 한다.

• 채권의 순서는 시간적으로 먼저 성립한 것을 우선으로 하는 물권과는 달리 시간적 우선성립과는 상관없이 모두 동순위이다.

물권의 종류

물권의 종류		내용
소유권		소유자는 법률의 범위 내에서 그 소유물을 사용·수익·처분할 수 있는 권리
점유권		점유권원의 유무에 관계없이 물건을 사실상 지배하고 있는 경우의 지배권 : 등기부에 공시 안 됨
용익물권	지상권	타인의 토지에서 건물, 기타의 공작물이나 수목을 소유하기 위해서 그 토지를 사용·수익할 수 있는 물권
	지역권	타인의 토지를 설정행위에서 정한 일정한 목적을 위해서 자기의 토지에 편익을 제공받아 사용·수익할 수 있는 물권
	전세권	타인의 부동산을 그의 용도에 따라 사용·수익할 수 있는 담보형 용익물권
담보물권	저당권	채권자가 채무담보로 제공받은 부동산을 인도받지 않고 관념상으로만 지배하고 있다가 채무자로부터 채무의 변제가 없을 때에는 그 부동산으로부터 우선변제받는 담보물권
	질권	**동산질권** : 돈을 빌려주면서 물건을 질로 잡고, 갚지 않는 때에는 그 목적물에서 우선변제받는 담보물권(*예 : 전당포에 반지를 잡히고 돈을 빌림)으로 등기부에 공시 안 됨 **권리질권** : 부동산의 사용·수익을 목적으로 하는 용익물권에는 설정할 수 없으나 그 외의 재산권에 권리를 설정할 수 있는 담보물권(*예 : 저당권에 대한 질권 설정)
담보물권	유치권	타인의 물건을 점유한 자가 그 물건에서 발생한 채무를 변제받을 때까지 유치할 수 있는 담보물권(*예 : 시계수리비를 변제받을 때까지 시계유치)으로 등기부에 공시 안 됨

물권의 종류	내용
법정지상권	본래 토지와 건물이 동일인의 소유였으나 그 후 어떤 사정으로 그 소유자가 각각 달라졌을 때, 그 건물소유자에게 법률규정에 의하여 인정하는 지상권
관습상 법정지상권	동일한 소유자에 속하는 토지와 건물이 매매 등에 의해 소유를 달리하게 된 경우이며, 특히 그 건물을 철거한다는 특별한 약속이 없는 한 건물의 소유자는 그 토지 위에 관습상의 지상권을 취득하는 권리
분묘기지권	다른 사람의 토지 위에 묘지를 설치하는 때에 일정한 요건을 갖추면 지상권과 유사한 관습법상 물권으로 인정해주는 권리
수목지상권	토지상의 입목이 경매 또는 기타 사유로 인해서 토지와 그 입목이 각각 다른 소유자에게 속하게 되는 경우 입목소유자에게 인정하는 지상권

물권우선주의 및 일물일권주의

우리 민법은 물권과 채권의 다툼이 있으면 물권이 우선한다는 물권우선주의와 물권은 동일한 물건 위에 동일한 내용의 물권이 동시에 양립할 수 없다는 일물일권주의를 채택하고 있다.

강행규정

'~ 해야 한다'라는 의미. 즉 반드시 해야 하거나 필히 지켜야 한다는 의미이다. 따라서 형법은 거의 대부분이 강행규정이다.

임의규정

'~ 할 수 있다'라는 의미. 즉 해도 되고 안 해도 되거나 지켜도 되고 안 지켜도 된다는 의미이다.

천연과실

물건의 경제적 용도에 따라 직접 수취되는 자연적 산출물(*가축의 새끼, 우유, 양모, 과수열매 등 자연적이고 유기적으로 산출되는 물건과 석재, 토사 등 인공적이고 무기적으로 수취되는 물건)이며, 천연과실은 그 원물로부터 분리하는 때에 이를 수취할 권리자에게 속한다.

수취권을 가지는 자는 원물의 소유자인 경우가 보통이나 예외적으로 선의의 점유자, 지상권자, 전세권자, 유치권자, 질권자, 저당권자, 매도인, 사용차주, 임차인, 유증의 수증자 등에게도 인정된다.

법정과실

물건의 사용대가로 받는 금전(*이자, 지료, 차임)이나 기타의 물건이며, 법정과실은 수취할 권리의 존속기간 일수의 비율로 취득한다. 예를 들면 건물이 매매된 경우 그 건물에서 발생한 차임을 매도인과 매수인이 소유권을 이전한 날을 기준으로 나눈다. 그러나 법정과실의 귀속에 관한 규정은 임의규정이므로 당사자는 다른 약정을 할 수 있다.

전세권

전세권의 의의

전세권이란 전세금을 지급하고 농경지 이외의 타인 부동산을 점유하여
그 부동산의 용도에 좇아 사용·수익하며, 그 부동산 전부에 대하여 후
순위권리자 기타 채권자보다 전세금의 우선변제를 받을 권리가 있는
담보형 용익물권이다.

전세권의 특징

• 전세금을 돌려주지 않으면 처분해서 우선변제받을 수 있는 권리로
서 이것은 처분할 수 있다는 측면에서 보면 용익물권이면서도 담보물
권의 성격을 갖는다.
• 전세권의 목적물은 농경지 이외의 토지나 건물이 모두 그 대상이 되
는데, 전세권을 토지에 설정하여 그 토지상에 공작물, 수목 등을 사
용·수익할 수도 있다.

> **전세권은 농경지 이외의 타인 부동산을 점유하여 그 부동산의 용
> 도에 좇아 사용·수익하는 담보형 용익물건**
> 민법에서는 "농경지는 전세권의 목적으로 하지 못한다"라고 하고 있다.

• 전세권은 부동산의 전부 또는 일부에도 설정할 수 있다.

전세권의 존속기간

• 전세권의 존속기간은 10년을 넘지 못한다. 당사자의 약정기간이 10년을 넘는 때에는 이를 10년으로 단축하며, 전세권의 설정은 이를 갱신할 수 있다. 그 기간은 갱신한 날로부터 10년을 넘지 못한다.

• 건물의 전세권설정자가 전세권의 존속기간 만료 전 6월부터 1월까지 사이에 전세권자에 대하여 갱신거절의 통지 또는 조건을 변경하지 아니하면 갱신하지 아니한다는 뜻의 통지를 하지 아니한 경우에는 그 기간이 만료된 때에 전 전세권과 동일한 조건으로 다시 전세권을 설정한 것으로 본다. 이 경우 전세권의 존속기간은 정함이 없는 것으로 본다.

전세권의 소멸통고

전세권의 존속기간을 약정하지 아니한 때에는 각 당사자는 언제든지 상대방에 대하여 전세권의 소멸을 통고할 수 있고 상대방이 이 통고를 받은 날로부터 6월이 경과하면 전세권은 소멸한다.

전세권자의 경매청구권

전세권설정자가 전세금의 반환을 지체한 때에는 전세권자는 민사집행법의 정한 바에 의하여 전세권의 목적물의 경매를 청구할 수 있다. 전세권은 담보물권은 아니지만 전세금반환청구권을 확보할 수 있기 때문에 담보형 용익물권이라고 할 수 있다.

일부 전세권자의 임의경매신청 가능 여부

일부에 설정한 전세권은 임의경매청구권이 없으므로 전세보증금반환 청구의 소를 제기하여 판결을 득한 후 강제경매신청을 할 수 있을 뿐이다.

부동산 일부에 설정된 전세권이 말소기준권리가 되는지의 여부

건물의 일부를 목적으로 하는 전세권이 경락으로 인하여 소멸되는 경우, 그 전세권의 목적물과 다른 부분을 목적물로 한 임차권이 영향을 받는지 여부(대판 1997. 8. 22 선고 96다53628)

건물의 일부를 목적으로 하는 전세권은 그 목적물인 건물부분에 한하여 그 효력을 미치므로, 건물 중 일부(2층 부분)를 목적으로 하는 전세권이 임차인이 대항력을 취득하기 이전에 설정되었다가 경락으로 인하여 소멸하였다고 하더라도, 임차인의 임차권이 전세권의 목적물로 되어 있지 아니한 주택 부분(1층의 일부)을 그 목적물로 하고 있었던 이상 경락으로 인하여 소멸한다고 볼 수는 없다.

일부전세권이 설정된 곳이 아닌 타 부분을 임차

임차인의 대항력은 건물의 말소기준권리에 의해 결정된다. 그러나 건물일부에 설정된 전세권은 말소기준권리가 되지 못한다. 따라서 일부 전세권자가 사용하지 않는 타 부분을 임차한 임차인의 대항력 유무를 판단하는 기준권리가 될 수 없다.

04 지상권

지상권의 의의

지상권이란 타인의 토지에 건물 기타 공작물이나 수목을 소유하기 위하여 그 토지를 사용할 수 있는 순수 용익물권이다.

지상권의 특징

• 지상권은 전세권과는 달리 토지에만 등기설정을 할 수가 있다.

• 지상권은 건물, 연못, 담, 교량, 전신주, 광고탑, 기념비 등의 지상물과 지하 터널, 우물 등의 지하수, 식목된 수목 등을 소유하기 위하여 그 토지를 사용하는 것이며, 지상권은 지표, 지상, 지하의 일부에도 설정할 수 있다.

지상권의 취득

• 법률행위에 의한 취득

지상권설정자(토지소유자)와 지상권자가 지상권설정을 목적으로 한 물권적 합의에 따른 지상권설정등기를 함으로써 지상권이 발생한다.

• 법률규정에 의한 취득

상속, 경매, 공용징수, 판결 등에 의한 지상권 취득은 별도의 등기를 요하지 않는다.

존속기간을 약정한 지상권

계약으로 지상권의 존속기간을 정하는 경우에는 그 기간은 아래의 연한보다 단축하지 못한다(*법정기간 : 최단존속기간).

• 석조, 석회조, 연와조(*벽돌조) 또는 이와 유사한 견고한 건물이나 수목의 소유를 목적으로 하는 때에는 30년
• 위 이외의 건물의 소유를 목적으로 하는 때에는 15년
• 건물 이외의 공작물의 소유를 목적으로 하는 때에는 5년이다.

단, 당사자는 이보다 장기의 기간을 정할 수 있고, 위의 기간들보다 단축한 기간을 정한 때에는 법정기간까지 연장한다.

존속기간을 약정하지 아니한 지상권

• 계약으로 지상권의 존속기간을 정하지 아니한 때에는 그 기간은 최단존속기간으로 한다.
• 지상권설정 당시에 공작물의 종류와 구조를 정하지 아니한 때에는 지상권은 15년으로 하며, 지상물이 수목인 경우에는 30년이다.

지상권의 양도 및 임대

지상권자는 타인에게 그 권리를 양도하거나 그 권리의 존속기간 내에서 그 토지를 임대할 수 있다.

지상권자의 갱신청구권 및 매수청구권

• 지상권이 소멸한 경우에 건물 기타 공작물이나 수목이 현존한 때에는 지상권자는 계약의 갱신을 청구할 수 있다.

• 지상권설정자가 계약의 갱신을 원하지 아니하는 때에는 지상권자는 상당한 가액으로 전항의 공작물이나 수목의 매수를 청구할 수 있다.

갱신과 존속기간

당사자가 계약을 갱신하는 경우 지상권의 존속기간은 갱신한 날로부터 최단존속기간보다 단축하지 못하나 당사자는 이보다 장기의 기간을 정할 수 있다.

수거의무 및 매수청구권

지상권이 소멸한 때에는 지상권자는 건물, 기타 공작물이나 수목을 수거하여 토지를 원상에 회복하여야 한다. 이 경우에 지상권설정자가 상당한 가액을 제공하여 그 공작물이나 수목의 매수를 청구한 때에는 지상권자는 정당한 이유 없이 이를 거절하지 못한다.

지료

지료는 토지의 사용대가인 법정과실로서 지상권의 성립에 필수요건이 아닌 임의적 요소로서 당사자의 약정 및 당사자의 청구에 의한 법원결정에 의해 지상권자는 지료의 지급의무가 발생하게 되고, 이를 등기함으로써 제3자에게 대항할 수가 있다.

지료증감청구권

지료가 토지에 관한 조세, 기타 부담의 증감이나 지가의 변동으로 인하여 상당하지 아니하게 된 때에는 당사자는 그 증감을 청구할 수 있다.

지상권소멸청구권

지상권자가 2년(*2년분) 이상의 지료를 지급하지 아니한 때에는 지상권 설정자는 지상권의 소멸을 청구할 수 있다.

구분지상권의 의의

구분지상권이란 지하도, 지하상가, 고가도로와 같이 타인 토지의 지하 또는 지상공간의 일정한 범위를 정하여 건물, 기타 공작물을 소유하기 위한 지상권을 말한다.

구분지상권의 특징

• 지하 또는 지상의 공간은 상하의 범위를 정하여 건물 기타 공작물을 소유하기 위한 지상권의 목적으로 할 수 있다. 이 경우 설정행위로써 지상권의 행사를 위하여 토지의 사용을 제한할 수 있다. 또한 토지의 공간적인 범위는 설정행위로 정하고 반드시 등기하여야 한다.

• 구분지상권은 제3자가 토지를 사용·수익할 권리를 가진 때에도 그 권리자 및 그 권리를 목적으로 하는 권리를 가진 자 전원의 승낙이 있으면 이를 설정할 수 있다. 이 경우 토지를 사용·수익할 권리를 가진 제3자는 그 지상권의 행사를 방해하여서는 아니 된다.

• 수목의 소유를 목적으로 한 구분지상권은 인정되지 않는다.

토지소유권의 범위(*민법 제212조)

우리 민법은 토지소유권의 범위에 대해서 '토지의 소유권은 정당한 이익 있는 범위 내에서 토지의 상하에 미친다.'라고 하고 있다. 따라서 토지소유권의 범위는 지표권, 지중권, 공중권의 개념으로 파악하고 있으며, 지하 또는 공중에 있어서 무한대의 개념이 아닌 사회통념 또는 용도에 따른다.

지하수는 온천, 광천, 약수를 묻지 아니하고 지표면으로부터 어느 정도의 깊이에 위치하는가를 묻지 않는다. 다만 우물 등을 파서 지하수를 이용하는 경우에는 다른 토지소유자의 이용을 방해하지 않는 범위에서 이용할 수 있다.

참고로 지하에 매장된 광물은 민법상의 권리객체가 아니라 광업법상 광업권의 목적이 된다.

06 법정지상권

법정지상권의 의의

본래 토지와 건물이 동일인의 소유였으나 그 후 어떤 사정으로 그 소유자가 각각 달라졌을 때 그 건물소유자에게 법률규정에 의하여 인정하는 지상권을 말한다.

법정지상권의 존재 이유

법정지상권의 존재 이유를 들자면, 토지소유자와 건물소유자가 각기 달라지고 이때 건물을 철거한다는 합의가 없는 경우 토지소유자가 건물의 철거를 요구한다면 건물소유자는 예측치 못한 손해를 보게 될 것이다. 따라서 건물소유자에게 이의 권리를 부여하지 않으면 개인은 물론이고 사회·경제적으로도 막대한 손실이 따를 것이 확실하므로 건물만의 소유권을 취득한 자에게 법률규정에 의하여 이를 인정해주어야 할 필요가 있는 것이다.

법정지상권의 특성

• 강행규정성

법정지상권의 성립은 당사자특약으로 배제할 수 없다.

• 지료

당사자 간 약정으로 지료를 정할 수 있으나 당사자청구로 법원이 결정할 수 있다. 그리고 지상권자가 2년 이상의 지료체납을 한 경우 지상권설정자는 지상권소멸을 청구할 수 있다. 이 경우 지상권자는 지상물매수를 청구할 수 없다.

• 존속기간

최단기의 존속기간을 적용받는다.

• 법정지상권의 등기

법정지상권은 법률의 규정에 의한 물권의 취득이므로 등기를 요하지 않지만 지상권의 처분시에는 등기를 요한다. 또한 법정지상권을 취득한 사람은 토지소유자에 대하여 지상권의 등기를 청구할 수 있다.

• 법정지상권의 처분

법정지상권자는 지상건물의 양도에 따른 지상권의 양도가 자유롭다. 단, 법정지상권 양도시 지상권설정등기를 기초로 지상권이전등기를 요한다. 그렇다 하더라도 건물의 양도로 건물의 소유권이전등기는 경료되었으나 지상권이전등기를 하지 않는 경우 토지소유자는 건물 양수인에게 건물의 철거를 명할 수 없다.

• 법정지상권의 성립 시기

토지 또는 그 지상건물의 경매로 그 소유권이 매수인에게 이전하는 때이다. 따라서 매수인이 매각대금을 완납한 때에 법정지상권은 성립한다.

• 법정지상권의 범위

법정지상권의 범위는 반드시 그 건물의 대지에 한정되는 것은 아니며
건물로 이용하는 데 필요한 한도에서 그 대지 이외의 부분에도 미치게
된다(*일반적인 지상권의 범위와 동일).

• 법정지상권 성립시 지료의 결정

법정지상권 성립시 지료를 인정하는 법의 취지는 저당물의 경매로 인하
여 토지와 그 지상건물이 각 다른 사람의 소유에 속하게 된 경우 건물
이 철거되는 것과 같은 사회·경제적 손실을 방지하려는 공익상 이유에
근거하는 것이다. 따라서 법정지상권의 지료는 우선 당사자의 협의에 의
하여 결정하게 되며, 당사자의 이견으로 협의가 성립하지 않는 경우에
는 당사자의 청구에 의하여 법원이 결정하게 된다. 이때 법원이 결정하
는 지료는 당연히 지상권이 성립한 때에 소급해서 그 효력이 발생된다.

법원이 그 지료를 정함에 있어서는 법정지상권의 발생 당시에 제반 사
정을 참작하고, 또한 당사자 쌍방의 이익을 조화하여 어느 한편에 부
당하게 불이익 또는 이익을 주는 결과가 되어서는 안 된다.

그러므로 법정지상권자가 토지소유자에게 지급할 지료는 아무런 제한
없이 다른 사람의 토지를 사용함으로써 얻는 이익에 상당하는 대가이
어야 한다. 즉 나대지 상태라는 전제하에 주변 토지의 이용상태, 경제
적 가치 등이 종합적으로 고려되어 결정되어야 한다.

• 법정지상권의 일반적 효력

법정지상권의 일반적 효력은 설정계약에 의한 지상권과 같으므로 존속기간 등은 특별한 규정이 없는 한 일반지상권에 준한다.

법정지상권에 의한 지료에 관한 대법원판례

지상권 설정시 지료에 관한 약정이 없는 경우, 지료의 지급을 청구할 수 있는지 여부(대판 1999. 9. 3 선고 99다24874 [1])

지상권에 있어서 지료의 지급은 그의 요소가 아니어서 지료에 관한 유상 약정이 없는 이상 지료의 지급을 구할 수 없다.

지상권에 있어서 유상인 지료에 관한 약정을 제3자에게 대항하기 위하여는 이를 등기하여야 하는지 여부 및 지료에 관하여 등기되지 않은 경우에는 지료증액청구권도 발생하지 않는지 여부(대판 1999. 9. 3 선고 99다24874 [2])

지상권에 있어서 유상인 지료에 관하여 지료액 또는 그 지급시기 등의 약정은 이를 등기하여야만 그 뒤에 토지소유권 또는 지상권을 양수한 사람 등 제3자에게 대항할 수 있고, 지료에 관하여 등기되지 않은 경우에는 무상의 지상권으로서 지료증액청구권도 발생할 수 없다.

법정지상권의 지료액수가 판결에 의하여 정하여졌지만 지체된 지료가 판결확정 전후에 걸쳐 2년분 이상일 경우 토지소유자의 지상권소멸청구의 가부(대판 1993. 3. 12 선고 92다44749)

법정지상권이 성립되고 지료액수가 판결에 의하여 정해진 경우 지상권자가 판결 확정 후 지료의 청구를 받고도 책임 있는 사유로 상당한 기간 동안 지료의 지급을 지체한 때에는 지체된 지료가 판결확정의 전후에 걸쳐 2년분 이상일 경우에도 토지소유자는 민법 제287조에 의하여 지상권의 소멸을 청구할 수 있다.

미등기 및 무허가건물의 법정지상권

건물이 미등기 및 무허가라도 일정한 요건 하에서는 법정지상권이 발생한다. 즉 동일인의 소유에 속하였던 토지와 건물이 매매, 증여나 경·공매 등으로 그 소유자를 달리하게 된 경우에 그 건물을 철거한다는 특약이 없는 한 건물소유자는 그 건물의 소유를 위하여 그 부지에 관하여 관습상의 법정지상권을 취득하는 것이고, 그 건물은 건물로서의 요건을 갖추고 있는 이상 미등기이거나 무허가이거나를 가리지 아니한다. 또한 관습법에 의하여 취득된 지상권은 법률에 의한 취득으로서 등기를 요하지 않으므로 그 지상권자는 등기 없이 토지매수인에게 그 지상권을 주장할 수 있다.

그러나 미등기건물을 그 대지와 함께 양수한 사람이 그 대지에 관해서만 소유권이전등기를 넘겨받고 건물에 대해서는 그 등기를 이전받지 못하고 있는 상태에서 그 토지가 경매되어 소유자가 다르게 된 경우에는 미등기건물의 양수인은 미등기건물을 처분할 수 있는 권리는 있을지언정 소유권은 가지고 있지 아니하므로 대지와 건물이 동일인의 소유에 속한 것이라고 볼 수 없어 법정지상권이 발생할 수 없다.

07 법정지상권 성립요건

법정지상권의 성립요건

다음 3가지의 요건이 모두 구비되어야 한다.

• 토지와 건물의 소유자가 동일(*참고로 매각시 토지와 건물의 소유자가 다르더라도 이전으로 거슬러 올라가 토지와 건물의 소유자가 동일한 적이 있는지의 여부를 폐쇄등기부까지 발급하여 확인)할 것

• 토지저당권설정 당시에 건물이 있었을 것

• 매각시 토지와 건물의 소유자가 달라질 것

> ### 법정지상권이 성립되는 경우에 관한 대법원판례
>
> **저당권설정 당시 건물이 존재한 이상 건물이 개축, 증축되거나 그 건물의 멸실 또는 철거 후 건물이 재축, 신축된 경우에도 민법 제366조의 법정지상권이 성립하는지 여부**(대판 1990. 7. 10 선고 90다카 6399)
>
> 민법 제366조 소정의 법정지상권이 성립하려면 저당권 설정 당시 저당권의 목적이 되는 토지 위에 건물이 존재할 경우이어야 하는 바, 저당권설정 당시 건물이 존재한 이상 그 이후 건물을 개축, 증축하는 경우는 물론이고 건물이 멸실되거나 철거된 후 재축, 신축하는 경우에도 법정지상권이 성립한다 할 것이고, 이 경우 법정지상권의 내용인 존속기간, 범위 등은 구 건물을 기준으로 하여 그 이용에 일반적으로 필요한

범위 내로 제한되는 것이다.

구분소유적 공유관계에 있는 토지의 공유자들이 그 토지 위에 각자 독자적으로 별개의 건물을 소유하면서 그 토지 전체에 대하여 저당권을 설정하였다가 그 저당권의 실행으로 토지와 건물의 소유자가 달라지게 된 경우, 법정지상권의 성립 여부(대판 2004. 6. 11 선고 2004다13533 [1])

공유로 등기된 토지의 소유관계가 구분소유적 공유관계에 있는 경우에는 공유자 중 1인이 소유하고 있는 건물과 그 대지는 다른 공유자와의 내부관계에 있어서는 그 공유자의 단독소유로 되었다 할 것이므로 건물을 소유하고 있는 공유자가 그 건물 또는 토지지분에 대하여 저당권을 설정하였다가 그 후 저당권의 실행으로 소유자가 달라지게 되면 건물 소유자는 그 건물의 소유를 위한 법정지상권을 취득하게 되며, 이는 구분소유적 공유관계에 있는 토지의 공유자들이 그 토지 위에 각자 독자적으로 별개의 건물을 소유하면서 그 토지 전체에 대하여 저당권을 설정하였다가 그 저당권의 실행으로 토지와 건물의 소유자가 달라지게 된 경우에도 마찬가지라 할 것이다.

토지에 관한 저당권설정 당시 토지 소유자에 의하여 그 지상에 건물이 건축 중이었던 경우, 법정지상권이 인정되기 위한 건물의 요건 및 그 건물이 미등기이더라도 법정지상권이 성립하는지 여부(대판 2004. 6. 11 선고 2004다13533 [3])

민법 제366조의 법정지상권은 저당권설정 당시 동일인의 소유에 속하던 토지와 건물이 경매로 인하여 양자의 소유자가 다르게 된 때에 건물의 소유자를 위하여 발생하는 것으로서, 토지에 관하여 저당권이 설정될 당시 토지 소유자에 의하여 그 지상에 건물을 건축 중이었던 경우 그것이 사회관념상 독립된 건물로 볼 수 있는 정도에 이르지 않았다 하더라도 건물의 규모·종류가 외형상 예상할 수 있는 정도까지 건축이 진전되어 있었고, 그 후 경매절차에서 매수인이 매각대금을 다 낸 때까지 최소한의 기둥과 지붕 그리고 주벽이 이루어지는 등 독립된 부동산으로서 건물의 요건을 갖추면 법정지상권이 성립하며, 그 건물이 미등기라 하더라도 법정지상권의 성립에는 아무런 지장이 없는 것이다.

저당권 설정과 동시에 설정하여 준 지상권이 저당권의 실행으로 소멸한 경우에 있어 법정지상권의 발생(대판 1991. 10. 11 선고 91다23462)

대지에 대하여 저당권을 설정할 당시 저당권자를 위하여 동시에 지상권을 설정하여주었다고 하더라도 저당권 설정 당시 이미 그 대지상에 건물을 소유하고 있고 그 건물에 관하여 이를 철거하기로 하는 등 특별한 사유가 없으며, 저당권의 실행으로 그 지상권도 소멸한 경우에는 건물을 위한 법정지상권이 발생하지 않는다고 할 수 없다.

저당지상의 건물에 대한 일괄경매청구권

토지 위에 저당권을 설정한 후 그 저당 토지상에 건물이 지어진 경우 부동산 경매의 결과로 토지소유자와 건물소유자가 다르게 되면 건물소유자에게는 법정지상권이 인정되지 않는다. 왜냐하면 저당권설정 당시에 건물이 존재하고 있어야 하기 때문이다. 만약 저당권설정 당시에 건물이 존재하지 않았다면 토지의 매수인은 건물소유자에게 건물의 철거 내지 수거를 요구할 수 있게 된다. 이때 멀쩡한 건물을 철거한다면 사회·경제적으로 커다란 불이익이다.

이에 민법에서는 "토지를 목적으로 저당권을 설정한 후 그 설정자가 그 토지에 건물을 축조한 때에는 저당권자는 토지와 함께 그 건물에 대하여도 경매를 청구할 수 있다"고 규정하여 토지와 건물의 일괄경매청구를 허용하고 있다.

법정지상권이 성립되지 않는 경우

아래의 어느 하나에 해당하면 법정지상권이 성립되지 않는다.

• 토지에 저당권설정 당시 건물이 없었던 경우

• 등기부등본상 토지와 건물의 소유자가 한 번도 일치하지 않는 경우

• 매각시 특별매각조건으로 건물을 철거한다는 약정이 있는 경우

법정지상권이 성립되지 않는 경우에 관한 대법원판례

동일인 소유의 토지와 그 지상 건물에 관하여 공동저당권이 설정된 후 그 건물이 철거되고 다른 건물이 신축된 경우, 저당물의 경매로 인하여 토지와 신축건물이 서로 다른 소유자에게 속하게 되면 민법 제366조 소정의 법정지상권이 성립하는지 여부(대판 2003. 12. 18 선고 98다43601 [1] 전원합의체) : 공동저당의 경우이며, 이는 전원합의체로 대판 1990. 7. 10 선고 90다카6399호를 변경시킨 판례임

[다수의견] 동일인의 소유에 속하는 토지 및 그 지상 건물에 관하여 공동저당권이 설정된 후 그 지상 건물이 철거되고 새로 건물이 신축된 경우에는 그 신축건물의 소유자가 토지의 소유자와 동일하고 토지의 저당권자에게 신축건물에 관하여 토지의 저당권과 동일한 순위의 공동저당권을 설정해주는 등 특별한 사정이 없는 한 저당물의 경매로 인하여 토지와 그 신축건물이 다른 소유자에 속하게 되더라도 그 신축건물을 위한 법정지상권은 성립하지 않는다고 해석하여야 하는 바, 그이유는 동일인의 소유에 속하는 토지 및 그 지상 건물에 관하여 공동저당권이 설정된 경우에는, 처음부터 지상 건물로 인하여 토지의 이용이 제한 받는 것을 용인하고 토지에 대하여만 저당권을 설정하여 법정지상권의 가치만큼 감소된 토지의 교환가치를 담보로 취득한 경우와는 달리, 공동저당권자는 토지 및 건물 각각의 교환가치 전부를 담보로 취득한 것으로서, 저당권의 목적이 된 건물이 그대로 존속하는 이

상은 건물을 위한 법정지상권이 성립해도 그로 인하여 토지의 교환가치에서 제외된 법정지상권의 가액 상당 가치는 법정지상권이 성립하는 건물의 교환가치에서 되찾을 수 있어 궁극적으로 토지에 관하여 아무런 제한이 없는 나대지로서의 교환가치 전체를 실현시킬 수 있다고 기대하지만, 건물이 철거된 후 신축된 건물에 토지와 동순위의 공동저당권이 설정되지 아니하였는데도 그 신축건물을 위한 법정지상권이 성립한다고 해석하게 되면, 공동저당권자가 법정지상권이 성립하는 신축건물의 교환가치를 취득할 수 없게 되는 결과 법정지상권의 가액 상당 가치를 되찾을 길이 막혀 위와 같이 당초 나대지로서의 토지의 교환가치 전체를 기대하여 담보를 취득한 공동저당권자에게 불측의 손해를 입게 하기 때문이다.

건물의 등기부상 소유명의를 타인에게 신탁한 토지소유자가 민법 제366조 소정의 법정지상권을 취득할 수 있는지 여부(대판 2004. 2. 13 선고 2003다29043 [2])

건물의 등기부상 소유명의를 타인에게 신탁한 경우에 신탁자는 제3자에게 그 건물이 자기의 소유임을 주장할 수 없고, 따라서 그 건물과 부지인 토지가 동일인의 소유임을 전제로 한 법정지상권을 취득할 수 없다.

지상건물이 없는 토지에 관하여 근저당권설정 당시 근저당권자가 건물의 건축에 동의한 경우 민법 제366조의 법정지상권의 성립 여부(대판 2003. 9. 5 선고 2003다26051)

민법 제366조의 법정지상권은 저당권설정 당시부터 저당권의 목적되는 토지 위에 건물이 존재할 경우에 한하여 인정되며, 토지에 관하여 저당권이 설정될 당시 그 지상에 토지소유자에 의한 건물의 건축이 개시되기 이전이었다면, 건물이 없는 토지에 관하여 저당권이 설정될 당시 근저당권자가 토지소유자에 의한 건물의 건축에 동의하였다고 하더라도 그러한 사정은 주관적 사항이고 공시할 수도 없는 것이어서 토지를 낙찰받는 제3자로서는 알 수 없는 것이므로 그와 같은 사정을 들어 법정지상권의 성립을 인정한다면 토지 소유권을 취득하려는 제3자의 법적 안정성을 해하는 등 법률관계가 매우 불명확하게 되므로 법정지상권이 성립되지 않는다.

미등기건물을 대지와 함께 매수하였으나 대지에 관하여만 소유권이전등기를 넘겨받고 대지에 대하여 저당권을 설정한 후 저당권이 실행된 경우, 민법 제366조 소정의 법정지상권이 성립하는지 여부

(대판 2002. 6. 20 선고 2002다9660 [1] 전원합의체)

민법 제366조의 법정지상권은 저당권설정 당시에 동일인의 소유에 속하는 토지와 건물이 저당권의 실행에 의한 경매로 인하여 각기 다른 사람의 소유에 속하게 된 경우에 건물의 소유를 위하여 인정되는 것이므로, 미등기건물을 그 대지와 함께 매수한 사람이 그 대지에 관하여만 소유권이전등기를 넘겨받고 건물에 대하여는 그 등기를 이전받지 못하고 있다가, 대지에 대하여 저당권을 설정하고 그 저당권의 실행으로 대지가 경매되어 다른 사람의 소유로 된 경우에는, 그 저당권의 설정 당시에 이미 대지와 건물이 각각 다른 사람의 소유에 속하고 있었으므로 법정지상권이 성립될 여지가 없다.

저당권이 설정된 후 건물의 멸실은 저당권도 동반소멸

저당권이 설정되었던 건물이 멸실했을 때에는 저당권도 동시에 소멸된다. 그러므로 낡은 건물이 멸실된 후 그곳에 새로운 건물을 신축하였다고 하더라도 저당권은 그 신축건물에는 효력이 미칠 수 없다. 따라서 이런 경우 채권자는 채무자의 동의를 얻어야만이 신축건물에 대하여 저당권설정등기를 할 수 있다.

관습상의 법정지상권

관습상의 법정지상권

관습상의 법정지상권은 동일인의 소유였던 토지와 건물 중 어느 하나가 매매, 기타의 이유로 각각 그 소유를 달리하게 된 때 그 건물을 철거한다는 특약이 없으면 건물 소유자가 당연히 취득하게 되는 법정지상권으로서 이는 현행법이 인정하는 법정지상권과 달리 판례에 의하여 인정된다.

또한 관습상의 법정지상권은 토지 또는 건물 중의 어느 한편에 제한물권(*전세권 또는 저당권)의 존재를 전제하지 않는 점에서 통상의 법정지상권과는 다르지만 그 성립요건은 법률상의 법정지상권이 성립되는 요건과 별로 다르지 않다.

관습상의 법정지상권 성립요건

아래의 3가지 요건이 모두 갖추어진 경우는 관습상의 법정지상권이 성립된다.

- 토지와 건물의 소유자가 동일할 것
- 토지와 건물의 소유자가 달라(*토지 또는 건물 중 어느 하나가 매매, 증여, 국세징수법에 의한 공매 및 강제경매 등의 원인으로)질 것

• 건물철거에 대한 약정이 없을 것

간혹 토지를 목적으로 하는 경매부동산을 응찰하려 할 때에 경매사건 이전에 어느 거래행위로 발생되었을 수도 있는 관습상의 법정지상권을 파악한다는 것은 그리 쉽지가 않다.

따라서 현재의 시점에서 소유자가 다르다(*동일인이 아니다)라는 것만 생각해서 '법정지상권이 없다'라고 판단하면 큰일 날 수도 있다.

예) 토지와 건물등기부 내용이 다음과 같은 상황이라고 가정해보자.

일자	내용	소유자
2016. 5. 2	토지 및 건물 소유	A
2018. 7. 2	건물만 소유	B
2019. 9. 2	토지만 경매취득	C

위의 예에서 C가 부동산 경매로 입찰 볼 당시 토지와 건물의 소유자가 A와 B로 되어 있어서 법정지상권이 없다고 판단(*동일인이 아니므로)하여 A의 소유인 토지를 매수했다면, 2016. 5. 2에 토지와 건물이 동일인에게 속해 있다가 2018. 7. 2에 건물만의 소유권이 B에게 이전되어 있어 이미 건물소유자 B는 토지소유자 A에 대해 법정지상권을 가지고 있기 때문에 토지소유자 A에 대하여 이미 성립된 B의 법정지상권은 C가 승계하게 되는 것이다. 그러므로 C는 B의 법정지상권을 인정해주어야 한다.

따라서 법정지상권을 따져볼 때에는 토지와 건물의 폐쇄등기부까지 발급받아서 철저히 확인해보아야 한다.

관습상의 법정지상권이 성립되는 경우에 관한 대법원판례

매수인의 의사에 따라 건물만이 매도된 경우에도 관습상의 법정지상권이 인정되는지 여부(대판 1997. 1. 21 선고 96다40080)

토지 또는 건물이 동일한 소유자에게 속하였다가 그 건물 또는 토지가 매매 기타의 원인으로 인하여 양자의 소유자가 다르게 된 때에 그 건물을 철거한다는 조건이 없는 이상 건물소유자는 토지소유자에 대하여 그 건물을 위한 관습상의 법정지상권을 취득하는 것이고, 자기의 의사에 의하여 건물만의 소유권을 취득하였다고 하여 관습상의 법정지상권을 취득할 수 없는 것은 아니다.

관습에 의한 법정지상권이 있는 건물의 경락인이 토지의 전득자에게 지상권으로 대항할 수 있는지 여부(대판 1991. 6. 28 선고 90다16214)

관습에 의한 법정지상권이 있는 건물의 경락인은 경매시에 경락 후 건물을 철거하는 등의 매각조건 아래 경매되었다는 등 특별한 사정이 없는 한 건물의 경락취득과 함께 그 지상권도 당연히 취득하였다고 할 것이므로 그 지상권으로써 토지소유권을 전득한 자에게 대항할 수 있다.

관습상의 법정지상권이 성립되지 않는 경우에 관한 대법원판례

토지와 건물이 동일한 소유자에게 속하였다가 매매 기타 원인으로 인하여 양자의 소유자가 다르게 되었으나 당사자 사이에 건물 철거의 합의가 있는 경우, 건물 소유자의 관습상의 법정지상권 취득 여부(대판 1999. 12. 10 선고 98다58467)

토지와 건물이 동일한 소유자에게 속하였다가 건물 또는 토지가 매매 기타 원인으로 인하여 양자의 소유자가 다르게 되었더라도, 당사자 사이에 그 건물을 철거하기로 하는 합의가 있었던 경우에는 건물소유자는 토지소유자에 대하여 그 건물을 위한 관습상의 법정지상권을 취득할 수 없다.

미등기건물을 대지와 함께 매도하였으나 대지에 관하여만 매수인 앞으로 소유권이전등기가 경료된 경우, 관습상의 법정지상권이 성립하는지 여부(대판 2002. 6. 20 선고 2002다9660 [2])

관습상의 법정지상권은 동일인의 소유이던 토지와 그 지상건물이 매매 기타 원인으로 인하여 각각 소유자를 달리하게 되었으나 그 건물을 철거한다는 등의 특약이 없으면 건물소유자로 하여금 토지를 계속 사용하게 하려는 것이 당사자의 의사라고 보아 인정되는 것이므로 토지의 점유·사용에 관하여 당사자 사이에 약정이 있는 것으로 볼 수 있거나 토지소유자가 건물의 처분권까지 함께 취득한 경우에는 관습상의 법정지상권을 인정할 까닭이 없다 할 것이어서, 미등기건물을 그 대지와 함께 매도하였다면 비록 매수인에게 그 대지에 관하여만 소유권이전등기가 경료되고 건물에 관하여는 등기가 경료되지 아니하여 형식적으로 대지와 건물이 그 소유명의자를 달리하게 되었다 하더라도 매도인에게 관습상의 법정지상권을 인정할 이유가 없다.

09 분묘기지권

분묘기지권의 의의

타인의 토지상에 시신을 매장한 분묘가 설치된 경우 그 분묘부지와 그 부지를 넘어 이를 봉사하고 수호하기 위한 일정 범위에 미치는 관습법 상의 물권을 분묘기지권이라 한다.

분묘기지권이 성립되는 형태

• 토지소유자의 승낙을 얻어 분묘를 설치한 경우
• 토지소유자의 승낙 없이 분묘를 설치하고 20년간 평온·공연하게 점 유하여 시효취득을 한 경우
• 분묘를 설치한 토지소유자가 토지소유권을 양도하면서 분묘이장의 특약 없이 토지소유권을 타인에게 양도한 경우

이렇게 발생한 분묘기지권의 존속기간은 분묘권리자가 분묘의 수호와 봉사를 계속하고 그 분묘가 존속하는 한 존속되며 특히 지료에 대한 특별한 약정이 없었다면 무상으로 취급된다.

임야 응찰시 유의사항

임야(산) 등을 취득할 때에는 분묘기지권이 성립된 남의 분묘를 임의대로 이장시키거나 훼손시킬 수 없기 때문에 임야를 경매로 취득하고자 할 때에는 대부분의 분묘에 분묘기지권이 성립하고 있음을 인정하고 묘의 기수와 묘의 분포위치에 따라 그 임야의 활용도를 가늠해 본 후 입찰 여부를 결정하는 것이 좋다.

분묘지역 개발행위

토지소유자는 분묘기지권이 있는 분묘로부터 일정 거리를 제외한 면적에 대해서만 개발행위허가를 득할 수 있다. 즉 분묘를 포함한 개발행위허가는 불가능하다는 것이다. 단, 도시개발법에 의한 택지개발 등 토지소유자에게 토지수용권을 부여하는 사업일 때는 분묘의 강제이전이 가능하다.

분묘기지권의 존속기간 및 분묘기지권이 미치는 범위(대판 1994. 8. 26 선고 94다28970)

• 분묘기지권의 존속기간

분묘기지권의 존속기간에 관하여는 민법의 지상권에 관한 규정에 따를 것이 아니라 당사자 사이에 약정이 있는 등 특별한 사정이 있으면 그에 따를 것이며, 그러한 사정이 없는 경우에는 권리자가 분묘의 수호와 봉사를 계속하며 그 분묘가 존속하고 있는 동안은 분묘기지권은 존속한다고 해석함이 타당하므로 민법 제281조에 따라 5년간이라고 보아야 할 것은 아니다.

• 분묘기지권이 미치는 범위

분묘기지권은 분묘의 기지 자체뿐만 아니라 그 분묘의 설치목적인 분묘의 수호 및 제사에 필요한 범위 내에서 분묘의 기지 주위의 공지를 포함한 지역에까지 미치는 것이고, 그 확실한 범위는 각 구체적인 경우에 개별적으로 정하여야 하고 매장 및 묘지 등에 관한 법률 제4조제1항 후단 및 같은 법 시행령 제2조제2항의 규정이 분묘의 점유면적을 1기당 20평방미터로 제한하고 있으나, 여기서 말하는 분묘의 점유면적이라 함은 분묘의 기지면적만을 가리키며 분묘기지 외에 분묘의 수호 및 제사에 필요한 분묘기지 주위의 공지까지 포함한 묘지면적을 가리키는 것은 아니므로 분묘기지권의 범위가 위 법령이 규정한 제한면적 범위 내로 한정되는 것은 아니다.

분묘기지권의 시효취득 및 지료 지급의무(대판 1995. 2. 28 선고 94다37912)

타인 소유 토지에 분묘를 설치한 경우, 분묘기지권의 시효취득 여부

타인 소유의 토지에 소유자의 승낙 없이 분묘를 설치한 경우에는 20년간 평온·공연하게 그 분묘의 기지를 점유함으로써 분묘기지권을 시효로 취득한다.

분묘기지권을 시효취득하는 경우 지료를 지급할 필요가 없는지 여부

지상권에 있어서 지료의 지급은 그 요소가 아니어서 지료에 관한 약정이 없는 이상 지료의 지급을 구할 수 없는 점에 비추어 보면, 분묘기지권을 시효취득하는 경우에도 지료를 지급할 필요가 없다고 해석함이 상당하다.

10 수목의 법정지상권

수목의 법정지상권

토지상의 입목이 경매 또는 기타 사유로 인하여 토지와 그 입목이 각각 다른 소유자에게 속하게 되는 경우 토지소유자는 입목소유자에 대하여 지상권을 설정한 것으로 본다.

그러므로 수목이 있는 토지를 경매입찰할 경우에는 우선 등기부에 입목등기가 되어 있는지의 여부를 확인하고, 또는 명인 방법에 의해 그 수목이 누구의 것이라고 또는 누구의 농장이라고 표기되어 있는지를 확인하여야 한다.

만약 그 수목이 식재된 토지를 경매로 매수하면 수목의 법정지상권의 문제가 발생할 수 있다. 수목은 30년이란 지상권의 존속기간을 갖고 있어 대단히 위험하다. 그러나 경매대상 토지상의 수목이 감정평가서상에 감정이 되어 매각금액에 산입되어 있다면 아무런 문제가 없다.

입목등기

'입목등기'란 토지에 부착된 수목 집단의 소유자가 소유권보존등기를 받은 것을 말하며, 입목이란 입목에 관한 법률에 의하여 소유권 보존 등기를 받은 것과 수목이 누구의 소유라고 이름을 기재한, 즉 명인 방법에 의한 것도 그 독립성을 인정받아 부동산으로 본다.

소유권양도, 저당권설정에 관하여는 입목등기부의 등기에 의하여 공시된다. 그러나 명인 방법에 의한 입목은 소유권의 객체로서 인정은 되지만 별도의 저당권이나 설정은 할 수 없다.

입목의 소유권 보존등기는 시·군에 비치되는 입목등록원부에 등록되어 있을 경우에만 할 수 있는데, 입목등기부는 물적편성주의에 따라 편철되어 각 등기소에 비치된다.

토지와 입목이 동일소유자에게 속하는 경우 어느 한쪽이 저당권의 목적이 되어 경매되고 토지와 입목의 소유자가 다르게 된 때에 토지소유자는 입목소유자에게 지상권을 설정한 것으로 본다. 지상권자 또는 토지임차인이 그의 소유입목을 저당한 경우에는 저당권자의 승낙 없이는 자기의 지상권이나 임차권을 포기하지 못하며, 또한 토지소유자와의 사이에서 합의 해지를 하지 못한다.

수목에 관한 대법원판례

경매대상 토지를 평가함에 있어서 그 지상에 생립한 채무자소유의 미등기과목의 가액을 포함하여 평가하여야 하는지 여부(대판 1976. 11. 24. 선고 76마275)

경매의 대상이 된 토지 위에 생립하고 있는 채무자 소유의 미등기 과목은 토지의 구성부분으로서 토지의 일부로 간주되어 특별한 사정이 없는 한 토지와 함께 경매되는 것이므로 그 과목의 가액을 포함하여 경매대상 토지를 평가하여야 한다.

토지임차권에 기하여 식재된 수목을 토지경락인이 경락취득하는지 여부(대판 1990. 1. 23 선고 89다카21095)

토지의 사용대차권에 기하여 그 토지상에 식재된 수목을 이를 식재한 자에게 그 소유권이 있고 그 토지에 부합되지 않는다 할 것이므로 비록 그 수목이 식재된 후에 경매에 의하여 그 토지를 경락받았다고 하더라도 경락인은 그 경매에 의하여 그 수목까지 경락취득하는 것은 아니라고 할 것이다.

권원 없이 토지임차인의 승락만 받고 그 지상에 식재한 수목의 소유권 귀속(대판 1989. 7. 11. 선고 88다카9067)

민법 제256조 단서 소정의 "권원"이라 함은 지상권, 전세권, 임차권 등과 같이 타인의 부동산에 자기의 동산을 부속시켜서 그 부동산을 이용할 수 있는 권리를 뜻하므로 그와 같은 권원이 없는 자가 토지소유자의 승낙을 받음이 없이 그 임차인의 승낙만을 받아 그 부동산 위에 나무를 심었다면 특별한 사정이 없는 한 토지소유자에 대하여 그 나무의 소유권을 주장할 수 없다.

타인의 토지상에 식재한 수목의 소유권(대판 1980. 9. 30. 선고 80도1874)

타인의 토지상에 권원 없이 식재한 수목의 소유권은 토지소유자에게 귀속되고 권원에 의하여 식재한 경우에는 그 소유권이 식재한 자에게 있다.

토지인도를 명한 채무명의의 효력이 그 지상에 건립된 건물이나 식재된 수목에까지 미치는지 여부(대판 1986. 11. 18. 선고 86마902)

토지의 인도를 명한 채무명의의 효력은 그 지상에 건립된 건물이나 식재된 수목의 인도에까지 미치는 것이 아니고 또한 위와 같은 건물이나 수목을 그대로 둔 채 토지에 대한 점유만을 풀어 채권자에게 인도할 수도 없는 것이니, 집달관으로서는 지상에 건물이 건축되어 있거나 수목이 식재되어 있는 토지에 대하여는 그 지상물의 인도, 철거 등을 명하는 채무명의가 따로 없는 이상 토지를 인도하라는 채무명의만으로는 그 인도집행을 실시할 수 없다.

경락받은 과수원의 과수열매의 수취권

과수원 토지 경매시 지상과수는 정착물이므로 등기된 과수 또는 명인방법으로 공시가 된 경우가 아니라면 토지와 함께 지상과수의 가격을 평가하여 최저경매가를 정하고 토지와 함께 경매하며, 토지경락의 효력이 미친다.

민법은 제256조에서 부동산의 소유자는 타인의 권원에 의하여 부속된 것을 제외하고는 그 부동산에 부합한 물건의 소유권을 취득한다고 규정하고 있다. 판례도 타인의 토지상에 권원 없이 식재한 수목의 소유권은 토지소유자에게 귀속하고, 권원에 의하여 식재한 경우에는 그 소유권이 식재한 자에게 있다고 하였으며, 또한 "종물은 주물의 처분에 따른다"라고 하고 있다.

따라서 농작물이 아닌 이상 유실수인 감나무는 토지상에 고착화되어 토지에 부합되는 것이다. 또한 감은 감나무의 천연과실이며, 과실은 그 원물로부터 분리하는 때에 이를 '수취할 권리자'에게 속하는 것(*민법 제

102조제1항)이므로, 이미 유실수인 감나무를 토지와 함께 경매절차에서 소유권을 취득한 이상 그 감나무에 열린 감 또한 감나무의 소유자에게 속하는 것으로 보아야 한다.

수목과 농작물

• 수목은 토지의 정착물로서 독립하여서는 물권의 객체로 되지 못하는 것이 원칙이다. 따라서 과수의 열매 등과 같은 미분리과실도 수목의 일부에 지나지 않는다. 그러나 입목등기나 명인 방법에 의해 공시됨으로써 독립한 물건으로서 물권의 객체가 된다.

• 농작물은 타인의 토지에서 설령 위법하게 경작, 재배된 것이라 하더라도 또는 명인방법을 갖추지 않았더라도 경작자에게 귀속된다는 것이다. 따라서 농작물은 토지와는 독립한 물건으로 취급된다.

> **경작권 없이 경작한 입도의 소유권**
> 적법한 경작권 없이 타인의 토지를 경작하였더라도 그 경작한 입도가 성숙하여 독립한 물건으로서의 존재를 갖추었으면 입도의 소유권은 경작자에게 귀속한다.

11 지역권

지역권의 의의

지역권이란 일정한 목적을 위하여 타인의 토지를 직접 점유하지 않더라
도 타인의 토지를 자기토지의 편익에 이용할 수 있는 순수 용익물권이다.

예를 들면 다른 집들 사이에 둘러싸인 주택의 경우 인접해 있는 주택의
토지 중 일부를 통로로 사용할 수 있도록 하는 등 이처럼 남의 토지를
사용하지 않으면 안 될 경우 그 토지에 대하여 설정하는 것이 바로 지
역권이다.

이때 편익을 받는 토지를 '요역지', 편익을 주는 토지를 '승역지'라고 한다.

지역권의 존속기간

지역권의 존속기간에는 아무런 규정이 없다. 그러므로 제한 없이 당사
자는 임의로 기간을 정할 수 있다.

지역권의 성립 조건

편익을 얻게 될 토지(*요역지)의 일부분에는 지역권을 설정할 수 없다. 그
러나 편익을 주는 토지(*승역지)의 일부분 만에는 설정할 수가 있다.

따라서 남의 토지를 이용하려면 나의 토지 전체가 편익을 얻는 경우라야 가능하다는 뜻이므로 나의 토지의 일부분에 편익을 얻기 위하여 남의 토지 전체를 사용할 수는 없다.

통행지역권에 관한 대법원판례

통행지역권의 시효취득 요건(대판 1991. 10. 22 선고 90다16283 [나])

민법 제294조는 지역권은 계속되고 표현된 것에 한하여 같은 법 제245조의 규정을 준용한다고 규정하고 있으므로 점유로 인한 지역권 취득기간의 만료로 통행지역권을 시효취득하려면 요역지의 소유자가 타인의 소유인 승역지 위에 통로를 개설하여 그 통로를 사용하는 상태가 위 제245조에 규정된 기간 동안 계속되어야 한다.

무상으로 통행해 온 주위토지통행권자에 대한 통행료 청구가 신의칙에 위배되어 허용될 수 없다고 본 사례(대판 1992. 2. 11 선고 91다40399)

토지소유자가 토지를 매수할 때 통로 부분은 주위의 토지소유자들을 위해 무상으로 통행에 제공된 사실을 용인하고 그 상태에서 이를 매수한 것이라고 봄이 상당한 경우라면 통로 주위대지를 매수한 이래 줄곧 통로 부분을 무상으로 통행해 온 주위대지 소유자에 대하여 단지 통로의 소유자라는 이유만으로 통행료를 청구하는 것은 신의칙에 위배되어 허용될 수 없다고 본 사례.

민법 제219조제1항 소정의 주위토지통행권의 범위(대판 1989. 7. 25. 선고 88 다카9364 [가])

민법 제219조제1항 소정의 주위토지통행권은 주위토지 소유자에게 가장 손해가 적은 범위 내에서 허용되는 것이지만 적어도 통행권자가 그 소유토지 및 지상주택에서 일상생활을 영위하기 위하여 출입을 하고 물건을 운반하기에 필요한 범위는 허용되어야 하며, 어느 정도를 필요한 범위로 볼 것인가는 통행권자의 소유토지와 주위토지의 각 지리적 상황 및 이용관계 등 제반사정을 참작하여 정하여야 한다.

주위토지통행권(민법 제219조)

① 어느 토지와 공로 사이에 그 토지의 용도에 필요한 통로가 없는 경우에 그 토지소유자는 주위의 토지를 통행 또는 통로로 하지 아니하면 공로에 출입할 수 없거나 과다한 비용을 요하는 때에는 그 주위의 토지를 통행할 수 있고 필요한 경우에는 통로를 개설할 수 있다. 그러나 이로 인한 손해가 가장 적은 장소와 방법을 선택하여야 한다.

② 전항의 통행권자는 통행지 소유자의 손해를 보상하여야 한다.

점유로 인한 부동산소유권의 취득기간(민법 제245조)

① 20년간 소유의 의사로 평온, 공연하게 부동산을 점유하는 자는 등기함으로써 그 소유권을 취득한다.

② 부동산의 소유자로 등기한 자가 10년간 소유의 의사로 평온, 공연하게 선의이며 과실 없이 그 부동산을 점유한 때에는 소유권을 취득한다.

상린관계

인접한 각 부동산의 이용관계를 조절하기 위하여 그 소유자 또는 이용자들이 서로 그 기능을 일정한 한도까지 양보·협력할 것으로 규정된 법률관계를 말한다.

저당권의 의의

저당권이란 채무자 또는 제3자가 점유를 이전하지 아니하고 채무의 담보로 제공한 부동산에 대하여 관념적으로 지배하고 있다가 채무자의 채무변제가 없으면 그 목적물로부터 우선변제를 받을 수 있는 담보물권이다.

저당권의 효력의 범위

저당권의 효력은 저당부동산에 부합된 물건과 종물에 미친다. 그러나 법률에 특별한 규정 또는 설정행위에 다른 약정이 있으면 그러하지 아니하다.

피담보채권의 범위

저당권은 원본, 이자, 위약금, 채무불이행으로 인한 손해배상 및 저당권의 실행비용을 담보한다. 그러나 지연배상에 대해서는 원본의 이행기일을 경과한 후의 1년분에 한하여 저당권을 행사할 수 있다.

저당권자의 경매청구권

저당권자는 그 채권의 변제를 받기 위하여 저당물의 경매를 청구할 수 있다.

근저당권의 의의

근저당이란 계속적인 거래관계로부터 채권의 증감·변동이 있더라도 장래의 결산기까지는 채권의 일정한 한도까지 담보하기 위한 저당을 말한다.

그러므로 부동산을 담보로 최고대출한도액을 정해놓고 그 한도 내에서 마음대로 빌려 쓸 수 있는 것이 근저당권이다. 이때 채무의 이자는 채권최고액 중에 산입한 것으로 본다.

근저당권의 특징
• 근저당은 피담보채권이 소멸한다 하더라도 저당권처럼 소멸되지 않는다. 그러나 피담보채권이 없으면 담보권은 없다. 즉 근저당 후 채무액을 모두 상환하였지만 등기부상에 근저당이 나타날 경우 담보권은 없다는 것이다.
• 근저당을 공시할 때는 근저당설정계약과 함께 등기를 하여야 하며, 이때 반드시 최고액수를 등기하여야 한다.
• 채권최고액을 넘는 채권은 우선변제의 대상이 아니며 근저당권 실행비용도 제외된다. 하지만 보통 이자는 정책적으로 포함된다. 또한 위약금이나 손해배상도 채권최고액에 포함된다.
• 경매나 공매에서 근저당권의 피담보채권의 확정시기는 근저당권자가 경매신청을 하는 경우는 경매신청시에 확정되고, 후순위 근저당권

자가 경매신청한 경우에는 매수인의 매각대금 완납시이다. 그리고 피담보채권은 확정되었지만 확정된 후에도 늘어나는 채권(*연체이자와 연체료 등)은 배당지급일까지 계산(*채권최고액 한도)된다.

> ### 근저당권자가 회수할 수 있는 채권
> 근저당권자가 회수할 수 있는 채권은 근저당설정액(*채권최고액)을 초과하지 못한다. 그러나 다른 채권자에게 배당하고도 배당금의 남음이 있다면 근저당설정액을 초과한 이자와 비용에 대해서 추가로 배당받을 수 있다. 이때에는 일반채권자와 동일하게 가압류에 기한 집행권원 확보로 배당받을 수 있다.

13 유치권

유치권의 의의

유치권이란 타인의 물건 또는 유가증권을 점유한 자가 그 물건이나 유가증권에 관하여 생긴 채권이 변제기에 있는 경우에는 변제를 받을 때까지 그 물건 또는 유가증권을 유치할 권리를 말하는 것으로서 그 점유가 불법행위로 인한 경우에는 적용하지 아니하며, 당사자의 계약에 의해 발생되는 것이 아닌 일정한 요건만 갖추면 당연히 발생되는 법정 담보물권이다.

예를 들어 시계를 수선했으면 수리비를 다 받을 때까지 돌려주지 않을 수 있는 권리 또는 대항력 있는 임차인이 지급한 보증금이나 투입된 유익비를 받을 때까지 임차물을 그대로 점유하는 권리를 의미한다.

유치권의 특성

유치권에 관한 규정은 강행규정이 아니라 임의규정의 성질을 가지므로 특약으로 유치권발생을 배제하여도 유효하다. 또한 유치권은 동산 및 부동산에도 성립된다. 특히 부동산인 경우 별도의 등기를 요하지 않는, 즉 담보물권이면서도 등기할 수 없는 권리이며, 오직 점유에 의하여 공시된다.

유치권의 성립요건

• 채권이 유치(*점유)하고 있는 목적물에 관하여 생긴 것이라야 한다.

• 목적물은 점유하여야 하고, 또 점유(*직접점유, 간접점유 또는 보조점유)가 계속되어야 한다.

• 채권의 변제기가 도래하지 않으면 유치권은 성립하지 않고, 변제기에 대한 약정이 없으면 점유와 함께 유치권이 성립한다.

• 당사자 간에 유치권의 발생을 배제하는 특약이 없어야 한다.

경매실무에서 발생하는 유치권의 종류

• 경매목적부동산에 대한 필요비 또는 유익비 지출 비용에 의한 유치권
• 경매목적부동산의 공사대금에 의한 유치권

유치권에 기한 직접점유 및 간접점유

유치권에 기한 점유는 점유권원에 기한 적법한 점유이어야 한다. 따라서 불법적인 실력행사에 의한 무단 불법점유나 불법침입자의 점유는 점유권원이 없는 것이기 때문에 유치권에 기한 적법한 점유라 볼 수 없다.

또한 간접점유의 경우 채무자의 동의 없이 한 제3자의 점유는 채무자의 유치권소멸청구에 의하여 소멸되므로 채무자의 동의 없이 점유를 이전하면 그 유치권은 소멸될 수가 있다.

유치권자의 경매실행권

유치권자는 채권의 변제를 받기 위하여 유치물을 경매할 수 있는데, 이 경우의 경매는 담보권실행에 의한 임의경매이며, 유치권이 존재하는 증명서면을 갖추어 경매신청을 하여야 한다.

유치권자의 간이변제충당권

정당한 이유 있는 때에는 유치권자는 감정인의 평가에 의하여 유치물로 직접 변제에 충당할 것을 법원의 허가를 청구할 수 있다. 이 경우 유치권자는 미리 채무자에게 통지하여야 한다.

유치권은 우선변제적 효력이 없다.

경매실행시 유치권에 기한 채권은 매각대금에서 우선변제를 받을 수 있는 우선변제권의 규정을 두고 있지 않다. 따라서 유치권은 우선변제권이 없으나 매수인이 유치권의 물적 부담을 인수하게 되어 유치권자는 그 매수인의 채무변제가 없으면 목적물의 인도를 거절할 수 있다. 그러므로 실질적으로 채권회수에 불리하지 않다.

유치권자의 과실수취권

• 유치권자는 유치물의 과실을 수취하여 다른 채권보다 먼저 그 채권의 변제에 충당할 수 있다. 그러나 과실이 금전이 아닌 때에는 경매하여야 한다.

• 과실은 먼저 채권의 이자에 충당하고 그 잉여가 있으면 원본에 충당한다.

유치권자의 선관의무

• 유치권자는 선량한 관리자의 주의로 유치물을 점유하여야 한다.

• 유치권자는 채무자의 승낙 없이 유치물의 사용, 대여 또는 담보제공을 하지 못한다. 그러나 유치물의 보존에 필요한 사용은 그러하지 아

니하다.

- 유치권자가 앞서의 규정에 위반한 때에는 채무자는 유치권의 소멸을 청구할 수 있다.

유치권자의 상환청구권

- 유치권자가 유치물에 관하여 필요비를 지출한 때에는 소유자에게 그 상환을 청구할 수 있다.
- 유치권자가 유치물에 관하여 유익비를 지출한 때에는 그 가액의 증가가 현존한 경우에 한하여 소유자의 선택에 좇아 그 지출한 금액이나 증가액의 상환을 청구할 수 있다. 그러나 법원은 소유자의 청구에 의하여 상당한 상환기간을 허여할 수 있다.

유치권의 소멸

유치권은 물권의 일반적인 소멸원인, 즉 목적물의 멸실, 토지수용, 혼동, 포기 등에 의하여 소멸된다. 특유한 소멸사유는 유치권자의 점유상실, 유치목적물에 대한 선관주의 의무를 위반하거나 무단사용·대여하거나 채무자가 상당한 담보제공을 한 경우에는 채무자의 일방적 의사표시로 유치권의 소멸을 청구할 수 있다. 그러나 유치권은 소멸시효의 대상이 아니다.

유치권에 대한 유의사항

유치권은 공시하는 권리가 아니므로 등기부상에서 확인이 되지 않는다. 그러므로 어떠한 서류에도 그에 대한 기록을 확인할 수도 없다. 그리고 유치권은 반드시 신고를 해야 하는 것이 아니므로 유치권은 신고 없이도 발생할 수 있다는 것을 유념하여야 한다.

따라서 유치권 주장자가 법원에 유치권신고를 하고 채권신고서를 제출하여 입찰예정자가 유치권의 존재를 확인할 수 있다면 다행이지만, 만약 유치권자의 권리신고가 없어 매수인이 낙찰받은 후에 유치권이 존재한다는 사실을 알게 되었을 경우에는 매수인은 입찰보증금을 포기하고 대금지급을 포기해야 하는 경우가 있을 수 있다.

이와 같이 경매기록에 없던 유치권이 매수 후 유치권을 주장하는 자가 출현하면 매수인은 매각결정기일까지는 매각불허가신청을, 매각허가 결정이 나면 매각허가결정에 대한 즉시항고를, 그래도 매각허가결정이 확정되면 매각대금납부 전에 매각허가결정의 취소신청을 할 수도 있으며, 만약 신청이 이유 있다고 받아들여지면 입찰보증금도 반환받을 수도 있을 것이다.

참고로 경매진행시 유치권을 주장하는 자의 유치권신고가 있게 되면 경매절차상의 새로운 이해관계인으로 되며, 유치권은 점유를 하고 있어야 주장할 수 있기 때문에 현장조사시 이에 대한 부분이 드러날 때가 있다.

그러므로 현장조사를 잘 하여야 하고, 만일 유치권이 있거나 주장한다면 필요비나 유익비 등으로 지출했다고 하며 제출된 영수증 등과 서류들을 꼼꼼히 대조확인하면서 주장하는 유치권에 대한 대응 방법을 찾아야 한다.

유치권에 관한 대법원판례

등기를 갖추지 아니한 건물의 양수인에 대한 대지소유자의 건물철거 청구권(대판 1989. 2. 14. 선고 87다카3073 [가])

건물철거는 그 소유권의 종국적 처분에 해당하는 사실행위이므로 원칙으로는 그 소유자에게만 그 철거처분권이 있으나 미등기건물을 그 소유권의 원시취득자로 부터 양도받아 점유 중에 있는 자는 비록 소유권 취득등기를 하지 못하였다고 하더라도 그 권리의 범위 내에서는 점유 중인 건물을 법률상 또는 사실상 처분할 수 있는 지위에 있으므로 그 건물의 존재로 불법점유를 당하고 있는 토지소유자는 위와 같은 건물점유자에게 그 철거를 구할 수 있다.

제3자에게 가지는 건물에 관한 유치권으로 건물철거청구권을 갖는 대지소유자에게 대항할 수 있는지 여부(대판 1989. 2. 14. 선고 87다카3073 [나])

가. 항의 건물점유자가 건물의 원시취득자에게 그 건물에 관한 유치권이 있다고 하더라도 그 건물의 존재와 점유가 토지소유자에게 불법행위가 되고 있다면 그 유치권으로 토지소유자에게 대항할 수 없다.

임차인이 약정에 기한 권리금반환청구권을 가지고 임차물에 대해 유치권을 행사할 수 있는지 여부(대판 1994. 10. 14. 선고 93다62119 [다])

임대인과 임차인 사이에 건물명도시 권리금을 반환하기로 하는 약정이 있었다 하더라도 그와 같은 권리금반환청구권은 건물에 관하여 생긴 채권이라 할 수 없으므로 그와 같은 채권을 가지고 건물에 대한 유치권을 행사할 수 없다.

물건에 대한 점유의 의미와 판단 기준(대판 1996. 8. 23 선고 95다8713 [1])

점유라고 함은 물건이 사회통념상 그 사람의 사실적 지배에 속한다고 보여지는 객관적 관계에 있는 것을 말하고 사실상의 지배가 있다고 하기 위해서는 반드시 물건을 물리적·현실적으로 지배하는 것만을 의미하는 것이 아니고 물건과 사람과의 시간적·공간적 관계와 본권관계, 타인지배의 배제가능성 등을 고려하여 사회관념에 따라 합목적적으로 판단하여야 한다.

유치권자가 경락인에 대하여 피담보채권의 변제를 청구할 수 있는지 여부(대판 1996. 8. 23 선고 95다8713 [3])

민사소송법 제728조에 의하여 담보권의 실행을 위한 경매절차에 준용되는 같은 법 제608조 제3항은 경락인은 유치권자에게 그 유치권으로 담보하는 채권을 변 제할 책임이 있다고 규정하고 있는바, 여기에서 '변제할 책임이 있다'는 의미는 부동산상의 부담을 승계한다는 취지로서 인적 채무까지 인수한다는 취지는 아니므로, 유치권자는 경락인에 대하여 그 피담보채권의 변제가 있을 때까지 유치목적물인 부동산의 인도를 거절할 수 있을 뿐이고 그 피담보채권의 변제를 청구할 수는 없다.

소유자의 동의 없이 유치권자로부터 유치권의 목적물을 임차한 자의 점유가 '경락인에게 대항할 수 있는 권원'에 기한 것인지 여부(대판 2002. 11. 27 선고 2002마3516)

유치권의 성립요건인 유치권자의 점유는 직접점유이든 간접점유이든 관계없지만, 유치권자는 채무자의 승낙이 없는 이상 그 목적물을 타에 임대할 수 있는 처분권한이 없으므로 유치권자의 그러한 임대행위는 소유자의 처분권한을 침해하는 것으로서 소유자에게 그 임대의 효력을 주장할 수 없고, 따라서 소유자의 동의 없이 유치권자로부터 유치권의 목적물을 임차한 자의 점유는 '경락인에게 대항할 수 있는 권원'

에 기한 것이라고 볼 수 없다.

다세대주택의 창호 등의 공사를 완성한 하수급인이 공사대금채권 잔액을 변제받기 위하여 위 다세대주택 중 한 세대를 점유하여 유치권을 행사하는 경우, 그 유치권은 위 한 세대에 대하여 시행한 공사대금만이 아니라 다세대주택 전체에 대하여 시행한 공사대금채권의 잔액 전부를 피담보채권으로 하여 성립한다고 본 사례(대판 2007. 9. 7 선고 2005다16942)

[2] 다세대주택의 창호 등의 공사를 완성한 하수급인이 공사대금채권 잔액을 변제받기 위하여 위 다세대주택 중 한 세대를 점유하여 유치권을 행사하는 경우, 그 유치권은 위 한 세대에 대하여 시행한 공사대금만이 아니라 다세대주택 전체에 대하여 시행한 공사대금채권의 잔액 전부를 피담보채권으로 하여 성립한다고 본 사례

유치권은 명도소송을 통하여 입증할 사안

대부분 미지급 공사대금이 원인이지만 필요비나 유익비의 지출 등을 이유로 하는 것인데, 권리신고를 필요로 하지 않는 권리이므로 유치권자가 법원에 그 권리에 대한 신고를 할 필요는 없다.

그러나 유치권자는 매각기일까지 권리신고를 함으로써 이해관계인이 되며, 경매법원이 그 권원의 주장에 대해 어느 정도의 확신이 있다고 판단하면 입찰물건명세서상에 '유치권 성립여지 있음' 등을 표기하여 입찰자에게 고지하게 되는데, 이의 권리신고가 되어 있음이 입찰물건명세서서상에 표기되어 있더라도 실체적인 권리를 인정하는 것은 결코 아니며, 유치권은 명도소송을 통하여 입증할 사안이다.

유치권자에 대한 심문

유치권자의 유치권 신고시 경매계에서는 이의 진정성 여부를 확인하고 접수받는 것이 아니기 때문에 간혹 법원에서는 그 유치권의 진정성

을 확인하기 위하여 유치권 신고자에게 1차적으로 '심문기일소환장'을 발부하여 심문해 보는 경우가 있다. 그러므로 그 진정성이 없는 유치권은 그 권리를 인정받기가 그리 쉬운 것은 아니다. 그리고 인도명령시 상대방이 인도명령에 불응을 하거나 하면 이때에도 불응에 대한 사유를 듣고자 심문기일소환장을 발부하기도 한다.

상사유치권

상법 제58조에서는 "상인 간의 상행위로 인한 채권이 변제기에 있는 때에는 채권자는 변제를 받을 때까지 그 채무자에 대한 상행위로 인하여 자기가 점유하고 있는 채무자소유의 물건 또는 유가증권을 유치할 수 있다. 그러나 당사자 간에 다른 약정이 있으면 그러하지 아니하다" 라고 규정하고 있다.

상사유치권은 채권자와 채무자가 모두 상인인 경우에 인정되는 것이며, 소상인이라도 관계없다. 또한 양 당사자의 상인자격은 피담보채권이 성립할 때에만 있으면 되고 유치물을 점유할 때에는 채무자만이 상인자격이 있어도 되며, 변제기나 유치권을 행사할 때에는 양 당사자 중 일방 또는 쌍방이 모두 상인자격을 상실하였더라도 일단 성립한 유치권을 행사할 수 있다.

상사유치권의 경우는 민사유치권과는 달리 채권은 상인 간의 쌍방적 행위로 인하여 발생한 것이어야 하고, 유치의 목적물은 채무자가 소유권을 갖는 것이어야 한다는 점이 민사유치권과 다르다.

민사유치권의 경우는 민법 제320조제1항에 유치의 목적물에 관하여는 "타인의 물건 또는 유가증권"이라고 규정하고 있는데, 이는 상사유치권의 경우와는 달리 채무자뿐만 아니라 제3자의 소유에 속하는 물건 또는 유가증권도 포함된다.

14   필요·유익비

필요비란 물건을 보존하고 관리하기 위하여 필요한 비용, 유익비란 물건의 보존상 필수불가결하게 지출이 요구되는 비용은 아니더라도 물건의 개량을 위해 당해 물건에 관하여 지출된 비용으로서 그 물건의 객관적인 가치를 증가시키는 데에 사용한 비용을 말한다.

지출한 비용이 유익비인가의 여부는 건물의 사용목적과 기타 구체적인 사정을 고려하여 판단하게 되는데, 대체로 방이나 부엌을 증축한 경우 그 증축에 지출한 비용 또는 변소, 오물처리장, 담장 등을 축조한 비용 등이 유익비로 인정되고 있으며, 건물입구의 진입로나 건물 내 바닥을 콘크리트 등으로 포장한 경우에 있어서도 유익비로 인정될 가능성이 있으나 이러한 시설들이라도 오직 임차인이 자기의 영업에 필요한 시설을 하기 위하여 지출한 비용은 특별한 사정이 없는 한 유익비로 인정되지 않는다. 따라서 필요유익비가 해당 부동산의 보존과 개량을 위하여 필요유익비로서의 지출이었음에도 불구하고 경매법원으로부터 배당받기란 쉽지 않다.

따라서 필요비나 유익비의 비용을 경매법원에서 배당으로 받지 못한 임차인이나 점유자는 그 비용에 대한 상환청구권을 이유로 매수인에 대하여 유치권을 행사하여 법원의 배당 외에서 해결을 보아야 할 것이다.

민법상 필요 유익비에 관한 조문

점유자의 상환청구권(*민법 제203조)

① 점유자가 점유물을 반환할 때에는 회복자에 대하여 점유물을 보존하기 위하여 지출한 금액 기타 필요비의 상환을 청구할 수 있다. 그러나 점유자가 과실을 취득한 경우에는 통상의 필요비는 청구하지 못한다.

② 점유자가 점유물을 개량하기 위하여 지출한 금액 기타 유익비에 관하여는 그 가액의 증가가 현존한 경우에 한하여 회복자의 선택에 좇아 그 지출금액이나 증가액의 상환을 청구할 수 있다.

③ 전항의 경우에 법원은 회복자의 청구에 의하여 상당한 상환기간을 허여할 수 있다.

제3취득자의 비용상환청구권(*민법 제367조)

저당물의 제3취득자가 그 부동산의 보존, 개량을 위하여 필요비 또는 유익비를 지출한 때에는 제203조 제1항, 제2항의 규정에 의하여 저당물의 경매대가에서 우선 상환을 받을 수 있다.

임차인의 상환청구권(*민법 제626조)

① 임차인이 임차물의 보존에 관한 필요비를 지출한 때에는 임대인에 대하여 그 상환을 청구할 수 있다.

② 임차인이 유익비를 지출한 경우에는 임대인은 임대차종료 시에 그 가액의 증가가 현존한 때에 한하여 임차인의 지출한 금액이나 그 증가액을 상환하여야 한다. 이 경우에 법원은 임대인의 청구에 의하여 상당한 상환기간을 허여할 수 있다.

임차인의 부속물매수청구권(*민법 제646조)

① 건물 기타 공작물의 임차인이 그 사용의 편익을 위하여 임대인의 동의를 얻어 이에 부속한 물건이 있는 때에는 임대차의 종료시에 임대인에 대하여 그 부속물의 매수를 청구할 수 있다.

② 임대인으로부터 매수한 부속물에 대하여도 전항과 같다.

전차인의 부속물매수청구권(*민법 제647조)

① 건물 기타 공작물의 임차인이 적법하게 전대한 경우에 전차인이 그 사용의 편익을 위하여 임대인의 동의를 얻어 이에 부속한 물건이 있는 때에는 전대차의 종료시에 임대인에 대하여 그 부속물의 매수를 청구할 수 있다.

② 임대인으로부터 매수하였거나 그 동의를 얻어 임차인으로부터 매수한 부속물에 대하여도 전항과 같다.

필요유익비에 관한 대법원판례

임차인의 매수청구의 대상이 되는 '부속물'의 범위와 판단기준 및 부속된 물건이 오로지 건물임차인의 특수한 목적에 사용하기 위하여 부속된 것일 때 위 '부속물'에 해당되는지 여부(대판 1991. 10. 8 선고 91다8029 [나])

민법 제646조에서 건물임차인의 매수청구권의 대상으로 규정한 '부속물'이란 건물에 부속된 물건으로 임차인의 소유에 속하고, 건물의 구성부분으로는 되지 아니한 것으로서 건물의 사용에 객관적인 편익을 가져오게 하는 물건을 말하므로 부속된 물건이 오로지 건물임차인의 특수한 목적에 사용하기 위하여 부속된 것일 때에는 부속물매수청구권의 대상이 되는 물건이라 할 수 없으며 당해 건물의 객관적인 사용목적은 그 건물 자체의 구조와 임대차계약 당시 당사자 사이에 합의된 사용목적, 기타 건물의 위치, 주위환경 등 제반 사정을 참작하여 정하여지는 것이다.

임차인이 지출한 간판설치비가 유익비인지의 여부(대판 1994. 9. 30 선고 94다20389, 20396 [가])

민법 제626조 제2항에서 임대인의 상환의무를 규정하고 있는 유익비란 임차인이 임차물의 객관적 가치를 증가시키기 위하여 투입한 비용을 말하는 것이므로, 임차인이 임차건물부분에서 간이음식점을 경영하기 위하여 부착시킨 시설물에 불과한 간판은 건물부분의 객관적 가치를 증가시키기 위한 것이라고 보기 어려울 뿐만 아니라, 그로 인한 가액의 증가가 현존하는 것도 아니어서 그 간판설치비를 유익비라 할 수 없다.

임차인이 임차목적물을 반환할 때에는 일체 비용을 부담하여 원상복구를 하기로 약정한 경우, 임차인의 유익비상환청구권을 포기하기로 한 특약이라고 볼 것인지의 여부(대판 1994. 9. 30 선고 94다20389, 20396 [나])

임대차계약 체결 시 임차인이 임대인의 승인 하에 임차목적물인 건물부분을 개축 또는 변조할 수 있으나 임차목적물을 임대인에게 명도할 때에는 임차인이 일체 비용을 부담하여 원상복구를 하기로 약정하였다면, 이는 임차인이 임차목적물에 지출한 각종 유익비의 상환청구권을 미리 포기하기로 한 취지의 특약이라고 봄이 상당하다.

유익비상환청구가 있는 경우 실제 지출한 비용과 현존하는 증가액을 모두 산정하여야 하는지 여부(대판 2002. 11. 22 선고 2001다40381)

유익비상환청구에 관하여 민법 제203조제2항은 점유자가 점유물을 개량하기 위하여 지출한 금액 기타 유익비에 관하여는 그 가액의 증가가 현존한 경우에 한하여 회복자의 선택에 좇아 그 지출금액이나 증가액의 상환을 청구할 수 있다고 규정하고 있고, 민법 제626조제2항은 임차인이 유익비를 지출한 경우에는 임대인은 임대차종료시에 그 가액의 증가가 현존한 때에 한하여 임차인의 지출한 금액이나 그 증가액을 상환하여야 한다고 규정하고 있으므로, 유익비의 상환 범위는 점유자 또는 임차인이 유익비로 지출한 비용과 현존하는 증가액 중 회복자 또는 임대인이 선택하는 바에 따라 정하여진다고 할 것이고, 따라서 유익비 상환의무자인 회복자 또는 임대인의 선택권을 위하여 그 유익비는 실제로 지출한 비용과 현존하는 증가액을 모두 산정하여야 할 것이다.

제6장.

권리분석 공식 이해하기

권리의 순위정리 및 소액임차인 구분

등기부상의 권리와 임차인의 순위정리

임차인의 대항력 유무나 인수권리 유무를 확인하기 위하여 등기부상의 각 권리일과 임차인의 대항요건일을 일자 순으로 정리를 해보아야 한다.

예) 서울의 다가구주택이며, 토지와 건물 등기부상의 권리와 임차인에 관한 내용이 다음과 같다고 가정해보자.

번호	구분	대항접수일	내용	금액(만 원)
1	등기부 갑구	2015. 6. 1	가압류	
2	등기부 갑구	2021. 6. 1	강제경매개시결정	
3	등기부 을구	2016. 6. 1	A은행 근저당	20,000
4	등기부 을구	2018. 6. 1	홍길동 저당	10,000
5	임차인 김경매	2017. 6. 1	확정일자 2017. 6. 1	12,000
6	임차인 이경매	2019. 6. 1	확정일자 없음	11,000
7	임차인 박경매	2020. 6. 1	확정일자 2020. 6. 1	10,000

위 각 권리의 일자를 대항요건일 또는 접수일(*접수일자 동일시는 접수번호 순)으로 정리해보면 다음과 같다.

번호	구분	대항접수일	내용	금액(만 원)
1	등기부 갑구	2015. 6. 1	가압류	
2	등기부 을구	2016. 6. 1	A은행 근저당	20,000
3	임차인 김경매	2017. 6. 1	확정일자 2017. 6. 1	12,000
4	등기부 을구	2018. 6. 1	홍길동 저당	10,000
5	임차인 이경매	2019. 6. 1	확정일자 없음	11,000
6	임차인 박경매	2020. 6. 1	확정일자 2020. 6. 1	10,000
7	등기부 갑구	2021. 6. 1	강제경매개시결정	

권리분석에 용이하도록 이상과 같이 등기부상 권리와 등기부상 확인되지 않는 권리를 반드시 대항요건일 또는 접수일자 및 접수번호 순으로 정리해보아야 한다.

소액임차인 구분
위의 정리에서 보았듯이 2015. 6. 1 가압류가 말소기준권리이지만, 임차인의 보증금이 소액보증금에 해당하는지의 여부는 건물등기부에서 나타나는 최초 담보물권설정일을 기준으로 판단한다. 따라서 임차인의 보증금이 소액보증금에 해당하는지의 여부는 최초로 설정된 2016. 6. 1 A은행 근저당권설정일을 기준으로 판단한다.

따라서 소액임차인에 해당되는 임차인은 누구일까? 2016. 6. 1에 설정된 A은행 근저당 설정일이 소액보증금 판단 기준일이 되고, 이 기준일은 2016. 3. 31~2018. 9. 17 기간 동안에 적용된 범위에 해당되고, 이 기간의 서울특별시 소액보증금은 1억 원 이하까지이다.

그러므로 소액보증금에 해당하는 임차인은 보증금이 1억 원 이하에 해당하는 박경매뿐이고, 박경매는 주택가액의 1/2 범위 내에서 우선변제금 3,400만 원을 최우선적으로 배당받을 수 있다.

그러나 임차인 김경매와 이경매의 보증금은 최초 담보물권설정 당시에 적용된 주택임대차호법상으로는 소액보증금에 해당되지 않기 때문에 소액임차인이 아니다. 따라서 이들은 최우선변제권이 없다.

이 정도 파악이 되고나면 매수인이 인수하게 되는 권리가 있는지의 여부를 확인해보아야 한다. 이렇게 분석하는 것이 권리분석이다.

소멸(말소)권리

소멸주의에 해당되는 권리는 매각으로 인하여 모두 소멸되므로 말소촉탁의 대상이 되며, 이러한 권리들은 경매목적부동산의 매각대금에서 민법 및 상법 등이 정하는 우선순위에 따라 배당이 이루어진다.

인수권리

인수주의에 해당하는 권리(*선순위의 담보물권, 압류·가압류, 담보가등기 등보다 빠른 권리)들은 시간적 순위에 있어 그 권리가 절대적이므로 매각되더라도 매수인이 그대로 인수하여야 하며, 매우 조심하여야 할 권리들이다.

또한 인수권리들은 경매목적부동산의 매각대금에서가 아닌 법원의 배당 외에서 해결하게 된다.

말소기준권리

말소기준권리란 그 권리를 포함해서 그 이후의 모든 권리가 말소되게 하는 기준이 되는 권리를 말한다.

말소기준권리가 되는 등기는 (가)압류, (근)저당권, 소유권이전담보가등기(*소유권이전청구권가등기가 배당요구를 하였거나 경매신청을 하여 소유권이전담보가등기로 보는 경우 포함), 경매개시결정등기 중 등기부의 갑구 및 을구 전체 중 시간 순위가 가장 앞선 등기이다. 그리고 용익물권인 전세권의 경우 그 전세권이 부동산목적물의 전부에 대하여 설정되고(*목적물 일부에 설정한 일부전세권은 안됨) 담보형 용익물권일 때에도 말소기준등기가 된다.

그러나 지상권, 지역권, 등기된 임차권은 선순위일지라도 말소기준등기가 될 수 없다.

권리	말소기준권리(저당권 등)		비고
	전	후	
지상권	인수	소멸	최선순위 권리이면 인수
법정지상권 건물	인수	인수	입찰대상으로 위험
법정지상권 분묘	인수	인수	입찰대상으로 위험
법정지상권 수목	인수	인수	입찰대상으로 위험
지역권	인수	소멸	선순위 권리이면 인수
전세권	인수/소멸	소멸	선순위 권리이면 인수, 경매신청자이거나 배당요구종기일까지 배당요구 있으면 소멸
(근)저당권	소멸	소멸	무조건 소멸
유치권	인수	인수	입찰대상으로 위험. 유치권은 등기부상에 공시되는 권리가 아니며, 담보물권이면서도 매각으로 인해서 그 효력은 소멸되지 않고 인수
압류	소멸	소멸	무조건 소멸
가압류	소멸/인수	소멸	소멸. 단, 가압류가 전 소유자에 대한 것일 경우에는 소멸 또는 인수
가처분	인수/소멸	소멸/인수	선순위 권리이면 인수. 단, 선순위이더라도 경매신청채권자이거나 배당요구를 하면 소멸. 그리고 후순위라도 토지와 건물의 소유자가 다른 상황에서 건물만이 경매로 나온 경우 토지소유자가 건물소유자를 상대로 건물철거 및 토지인도청구권 보전을 위해서 건물에 경료한 가처분등기는 순위에 관계없이 인수. 또한 선순위 근저당권이 피담보채권이 없는 경우의 그 후순위 가처분등기는 인수
가등기	인수/소멸	소멸	• 선순위가 가등기 소유권이전청구권가등기이면 인수. 단, 경매신청채권자이거나 배당요구를 한 경우는 소유권이전담보가등기로 보아 소멸 • 소유권이전담보가등기일 경우는 선순위라도 말소기준권리가 되어 소멸. 단, 선순위 담보가등기가 경매개시결정등기 전에 청산절차를 완료한 경우는 인수
환매등기	인수/소멸	소멸	선순위 권리이면 인수, 환매기간이 만료되었거나 환매기간이 없는 경우 5년이 지났으면 소멸
등기임차권	인수/소멸	소멸	선순위 권리이면 인수, 경매신청자이거나 배당요구로 보증금 전액을 받으면 소멸

03 권리분석 공식

권식분석 공식표

인수	점유권원이 있으며, 대항력 등이 있음	올마이티(인수)
말소기준권리 (자신이 소멸되면서 자신 이후의 권리도 함께 소멸시키는 권리)	• 가압류 • 압류 • 근저당 • 저당 • 소유권이전담보가등기 • 경매개시결정등기	의자왕(소멸)
소멸	말소기준이 되는 권리와 함께 점유권원이 없으며, 대항력 등이 없음	3천 궁녀(소멸)

후순위라도 인수하는 가처분등기의 경우

• 말소기준이 되는 근저당권이 피담보채권이 없는 경우의 후순위 가처분등기

• 건물등기부에 토지소유자에 의하여 대지인도 및 건물철거청구권을 피보전권리로 한 가처분등기

• 2011. 10. 13 예고등기제도 폐지 이후(*부동산등기법 2020. 2. 4 일부 개정 법률 제16912호의 시행일인 2020. 8. 5 전까지 말소되지 아니한 예고등기는 등기관이 직권말소) 경료된 처분금지가처분등기로서 피보전권리가 소유권이전등기말소청구권인 경우는 인수하고, 피보전권리가 경매신청채권자의 신청원인된 등기말소청구원인 가처분등기는 경우에 따라서 소멸 또는 인수한다.

198 부동산 경매·명도 절차와 권리분석 공식 완전 정복

선순위 인수권리라도 소멸되는 경우

• 부동산전부에 설정한 전세권자가 경매신청 또는 배당요구종기일까지 배당요구한 경우는 말소기준권리(*의자왕)이다.

참고로 일부전세권인 경우 경매신청권은 없고, 해당 부분의 일부에 대하여는 말소기준이 될 수 있으나 부동산전부에 대한 말소기준권리는 될 수 없다.

• 부동산전부에 설정한 소유권이전청구권가등기권자가 경매신청 또는 배당요구한 경우는 말소기준권리(*의자왕)이다. 단, 일부지분에 대한 소유권이전청구권가등기인 경우 해당 지분에 대하여는 말소기준이 될 수 있으나 부동산전부에 대한 말소기준권리는 될 수 없다.

• 선순위 가처분권자가 확정판결에 의해 경매신청을 하였거나 배당요구한 경우는 자신의 권리만 소멸(*자멸 또는 자폭)한다.

• 선순위 환매등기가 환매기간이 지난 경우에는 일단은 인수한 후 말소청구소송을 제기하여 판결을 득한 후 말소시킬 수 있다.

04 용익물권의 특성과 인수되는 용익물권

담보형 용익물권인 전세권

담보형 용익물권인 전세권은 경매신청권과 배당요구권이 있어 경매신청도 하고 배당요구도 할 수 있다.

순수 용익물권인 지상권과 지역권

순수 용익물권인 지상권, 지역권은 담보형 용익물권인 전세권과는 달리 경매신청권과 배당요구권이 없다.

담보물권과 용익물권의 소멸

• 담보물권은 담보라는 의미처럼 돈을 빌려주고 안전하게 회수할 목적으로 하는 것이기 때문에 매각이 되면 최선순위 권리라도 최선순위 담보물권자가 경매신청을 했든 담보물권자보다 후순위의 권리자들이 경매신청을 했든, 최선순위의 담보물권자가 채권회수를 다했든 못했든 불문하고 소멸된다.

• 용익물권(*지상권, 지역권, 전세권)은 용익이라는 의미처럼 빌려서 사용할 수 있는 권리인데, 이 권리들은 최선순위가 담보물권이고 용익물권이 후순위이면 비록 용익물권의 사용기한이 남아 있다 하더라도 매각이 되면 모두 소멸된다.

인수되는 용익물권

용익물권 중 지역권과 지상권은 경매신청을 하거나 배당요구를 할 수 없는 물권이며, 지상권이나 지역권이 선순위이고 담보물권이 후순위이면 인수권리가 된다.

그러나 용익물권인 전세권이 앞서고 담보물권이 후순위일 경우에는 누가 경매신청을 하였는가에 따라 소멸이나 인수의 여부가 결정된다.

예) 다음의 사례에서 살펴보자. 단, 전세권은 건물 전부에 설정한 전세권이다.

구분	사례 1	사례 2	사례 3
1순위	저당권	전세권	배당요구 없는 전세권
2순위	전세권	저당권	저당권
경매신청인	저당권자 또는 전세권자	전세권자	저당권자
경매결과	모두 소멸	모두 소멸	전세권 소멸 불가(인수)

주택임대차보호법상 임차인의 권리와 민법상 전세권은 완전히 별개의 권리이다.

임차인으로서 배당요구를 하고, 선순위 전세권자로서도 배당요구를 한 경우

우선변제권이 빠른 쪽을 택하여 배당을 받으면 될 것이고, 이런 경우 전세권 설정금액을 전액회수하지 못하였다하더라도 선순위 전세권은 말소기준이 되므로 소멸이 된다. 만약 대항력(*좁은 의미의 대항력)이 있는 임차인이라면 전세권은 소멸되더라도 임차인의 대항력은 유효하기 때문에 새로운 소유자로부터 보증금 전액을 회수할 때까지 그 권리를 주장할 수 있다.

임차인으로서 배당요구를 하고, 선순위 전세권자로서는 배당요구를 하지 않은 경우

임차인으로서 보증금을 전액회수하게 되면 말소되지 않을 전세권에 대해서도 말소 청구할 수 있을 것이다. 그러나 임차인이 보증금을 전액회수하지 못했다면 선순위 전세권자로서 배당요구를 하지 않았기 때문에 그 전세권으로 낙찰자에게 대항할 수 있다.

임차인으로서는 배당요구를 하지 않고, 선순위 전세권자로서만 배당요구를 한 경우

선순위 전세권은 전세권 설정금액을 전액회수하지 못하였다하더라도 소멸이 되면서 말소기준권리가 된다. 그러나 전세권자로서 회수하지 못한 금액이 있더라도 대항력 있는 임차인이라면 낙찰자에게 대항할 수 있다.

임차인으로서도 선순위 전세권자로서도 배당요구를 하지 않은 경우

임차인이 대항력이 있으면 낙찰자가 임차인의 보증금 전액을 인수하게 되고, 임차인이 대항력이 없으면 낙찰자가 인수하게 되는 권리는 없다. 그러나 배당요구도 없고 경매신청도 하지 않은 선순위 전세권은 낙찰자가 인수하여야 한다.

참고로 전세권자가 임차인의 자격으로 배당요구를 하였는지 전세권자로서 배당요구를 하였는지의 여부 확인은 대한민국법원의 〈법원경매정보〉사이트에서 〈경매물건〉, 〈경매사건검색〉, 〈문건송달내역〉, 〈문건처리내역〉, 〈접수내역〉에서 확인할 수 있다.

선순위로 지상권이 설정되어 있는 부동산은 이의 권리를 인수하고도
될 정도의 가격이면 모르나 그렇지 않은 경우는 입찰을 금한다.

예) 선순위의 지상권이 인수되는 경우

번호	접수일	내용	소멸 여부
1	2019. 6. 2	지상권	소멸 불가
2	2020. 6. 2	저당권	소멸
3	2021. 6. 2	저당권자의 경매신청	

위의 경우 후순위의 담보물권자가 경매신청을 하면 선순위 용익물권인
지상권은 소멸되지 않는다. 그러나 후순위 지상권은 소멸한다.

또한 다음과 같이 선순위채권자가 근저당권에 연이어 지상권을 동시에
설정한 후 선순위의 근저당권자가 그 근저당권에 기하여 경매신청을
하였다고 가정해보자.

번호	접수일	내용	소멸 여부
1	2019. 6. 2	A은행 근저당권	소멸
2	2019. 6. 2	A은행 지상권 동시 설정	소멸
3	2020. 6. 2	B은행 근저당권	소멸
4	2021. 6. 2	A은행의 또는 B은행의 경매신청	

위의 경우처럼 선순위채권자가 근저당권과 동시에 같은 날짜로 하여 연이어 지상권을 설정하였다면 이는 채권확보를 목적으로 한 지상권(*담보지상권)이기 때문에 선순위 근저당권의 경매실행으로 매각되면 지상권도 함께 소멸한다. 설령 A은행의 근저당권과 지상권을 동시에 설정하면서 접수번호가 지상권이 근저당권보다 빨라서 근저당권보다 지상권이 먼저 설정된 경우라도 마찬가지이다.

저당권과 함께 동시 설정된 지상권의 소멸

저당권에 연이어 동시 설정된 지상권이 동일 채권자가 설정한 것이라면 저당권의 소멸로 동반소멸된다. 지상권에 연이어 동시에 저당권이 설정된 경우라 하더라도 마찬가지이다. 그러나 동일 채권자이더라도 저당권에 연이어 설정된 지상권이 아니면 해당 채권자에게 선순위 지상권의 소멸 여부를 확인 후 응찰하는 것이 좋다.

가압류의 의의

가압류란 채권으로 장래에 실시할 강제집행이 불가능하게 되거나 현저히 곤란할 염려가 있는 경우 채무자의 현재 재산을 미리 확보함으로써 집행권원을 받아 그 강제집행을 보전함을 목적으로 하는 임시적 압류이다.

가압류의 목적

• 가압류는 금전채권이나 금전으로 환산할 수 있는 채권에 대하여 동산 또는 부동산에 대한 강제집행을 보전하기 위하여 할 수 있다.
• 위의 채권에 조건이 붙어 있는 것이거나 기한이 도래하지 아니한 것인 경우에도 가압류를 할 수 있다.

가압류의 특성

• 가압류 명령을 하자면 가압류에 의하여 보호되는 채권이 있어야 하고, 또한 가압류를 해야 할 이유가 있어야 한다.
• 가압류의 채권액은 등기부에 공시가 된 것도 있고, 되지 않은 것도 있다.
• 선순위 가압류라도 경매처리되면 소멸되므로 매수인이 인수해야 할

어떤 금원도 없다.

가압류의 실행

• 가압류하고자 하는 권리의 종류에 따라 등기부의 갑구 또는 을구에 행한다.

• 유체동산 및 부동산의 소유권·전세권·지상권·임차권, 선박·자동차·항공기 등이며, 그 밖의 채권 기타 재산권에도 가압류할 수 있다. 또한 부동산 소유권이전등기청구권도 가압류의 대상이 된다. 그러나 지역권은 요역지와 분리하여 처분할 수 없으므로 가압류의 대상이 되지 않는다.

경매에 있어서 압류의 의미

압류란 임시적인 가압류가 법원의 판결에 의해서 공정증서 등과 같은 일정한 집행권원을 확보하게 되는데, 집행권원 확보 후 경매신청을 하여 등기부에 경매개시결정등기가 있게 되면 가압류가 본압류로 되고, 바로 이때의 본압류를 압류라 한다.

가압류의 소멸

경매개시결정등기 전과 후의 가압류는 배타적 지배권을 갖고 있는 물권과는 달리 채권이고, 부동산 경매시 압류 및 가압류채권은 매각에 의해 소멸되는 권리이다.

선순위 가압류등기 후 목적 부동산의 소유권이 이전되고 신소유자의 채권자가 경매신청을 하여 매각된 경우, 위 가압류등기가 말소촉탁의 대상이 되는지 여부의 판단 기준(대판 2007. 4. 13 선고 2005다8682)

부동산에 대한 선순위가압류등기 후 가압류목적물의 소유권이 제3자에게 이전되고 그 후 제3취득자의 채권자가 경매를 신청하여 매각된 경우, 가압류채권자는 그 매각절차에서 당해 가압류목적물의 매각대금 중 가압류결정 당시의 청구금액을 한도로 배당을 받을 수 있고, 이 경우 종전 소유자를 채무자로 한 가압류등기는 말소촉탁의 대상이 될 수 있다. 그러나 경우에 따라서는 집행법원이 종전 소유자를 채무자로 하는 가압류등기의 부담을 매수인이 인수하는 것을 전제로 하여 위 가압류채권자를 배당절차에서 배제하고 매각절차를 진행시킬 수도 있으며, 이와 같이 매수인이 위 가압류등기의 부담을 인수하는 것을 전제로 매각절차를 진행시킨 경우에는 위 가압류의 효력이 소멸하지 아니하므로 집행법원의 말소촉탁이 될 수 없다. 따라서 종전 소유자를 채무자로 하는 가압류등기가 이루어진 부동산에 대하여 매각절차가 진행되었다는 사정만으로 위 가압류의 효력이 소멸하였다고 단정할 수 없고, 구체적인 매각절차를 살펴 집행법원이 위 가압류등기의 부담을 매수인이 인수하는 것을 전제로 하여 매각절차를 진행하였는가 여부에 따라 위 가압류 효력의 소멸 여부를 판단하여야 한다.

보전처분의 취소(*민사집행법 제288조, 제307조)

보전처분집행(*가압류·가처분 등기) 후 3년간 본안의 소를 제기하지 아니하면 취소의 요건이 완성된다. 그리고 3년이 지난 후에 본안의 소를 제기하더라도 보전처분 취소의 효력은 발생한다(*대판 2004. 4. 9 선고 2002다

58389). 단, 집행증서를 취득하였음을 이유로 가압류집행 후 3년 내에 본안의 소를 따로 제기하지 아니한 경우는 취소사유에 해당하지 않는다(*대판 2016. 3. 24 선고 2013마1412).

참고로 보전처분 사건기록 보존기간을 10년에서 5년, 5년에서 3년으로 단축되었으므로 현행 보전처분 취소를 구할 수 있는 기간은 보전집행 후 3년이다.

08　가압류권자의 배당요구와 배당금지급

가압류권자의 채권이 확정된 것이 아닌 경우 본안소송에서 채권이 확정되기 전까지는 법원에 공탁되며, 배당요구종기일까지 배당요구를 반드시 해야 되는지, 하지 않아도 되는지는 경매개시결정등기 전후의 가압류에 따라 다르다.

가압류권자의 배당요구

• 경매개시결정등기 전의 가압류권자

경매개시결정등기 전의 가압류권자는 배당요구신청하지 않아도 당연히 배당요구를 한 것과 동일하게 취급된다. 그러나 경매가 진행되면 배당요구종기일까지 채권계산서를 제출하여 경매진행을 원활하게 하는 것이 좋다.

• 경매개시결정등기 후의 가압류권자

경매개시결정등기 후의 가압류권자는 배당요구종기일까지 배당요구신청을 하여야 한다. 그렇지 않으면 배당에서 제외된다. 왜냐하면 집행법원이 가압류의 사실을 알지 못하기 때문이다.

가압류권자의 배당금지급

• 경매개시결정등기 이전의 가압류권자

경매개시결정등기 이전에 가압류를 한 채권자는 배당요구신청을 하지 않았더라도 당연히 배당요구신청을 한 것과 동일하게 취급된다. 그리고 본안소송에서 채권이 확정되지 않은 가압류에 대한 배당은 본안소송에서 채권이 확정될 때까지 법원에 공탁된다. 공탁을 하는 이유는 가압류등기 그 자체만으로는 진정성에 의해 확정된 채권이 아니라고 판단하기 때문에 그렇다.

• 경매개시결정등기 이후의 가압류권자

경매개시결정등기 이후의 가압류권자는 배당요구를 하여야 한다. 왜냐하면 경매법원으로서는 경매개시결정등기 후의 등기에 대해서는 알지 못하기 때문이다. 따라서 경매개시결정등기 이후의 가압류권자는 배당의 남음이 있을 때에 한하여 배당을 받을 수 있다. 단, 가압류채권에 대하여 확정판결을 받아야 한다.

가처분은 가압류와 함께 일컬어서 소의 제기를 위한 보전처분이라고 하는데, 보전처분이란 권리관계 또는 법률관계에 관한 본안소송이 있을 것을 전제로 하여 법원으로부터 확정판결을 받을 때까지 손해가 발생하는 것을 방지할 목적으로 일시적이고 잠정적으로 조치를 강구하기 위해 하는 것이다.

가처분의 의의

가처분이란 채권자가 채무자에게 금전채권이 아닌 특정의 물건에 대한 청구권을 가진 경우 판결이 확정되어 그 강제집행시까지 방치하면 채무자가 그 물건의 현 상태를 변경할 수 있으므로 이를 저지시키기 위한 임시적인 처분을 말한다.

다시 말해서 가처분은 다툼이 있는 부동산을 현 상태대로 보전하기 위하여 청구권을 가진 채권자가 채무자의 재산은닉, 양도 등의 처분을 금지시키고 그 보관에 필요한 조치를 해두는 보전처분이다.

가처분의 목적

- 다툼의 대상에 관한 가처분은 현상이 바뀌면 당사자가 권리를 실행

하지 못하거나 이를 실행하는 것이 매우 곤란할 염려가 있을 경우에 한다.

• 가처분은 다툼이 있는 권리관계에서 임시의 지위를 정하기 위해서도 할 수 있다. 이 경우 가처분은 특히 계속하는 권리관계에 끼칠 현저한 손해를 피하거나 급박한 위험을 막기 위하여 또는 그 밖의 필요한 이유가 있을 경우에 하여야 한다.

가처분의 특성

• 가처분은 '계쟁물에 관한 가처분'과 '임시적 지위를 보장하는 가처분'이 있다.

• 가처분은 이와 같이 다툼 있는 권리관계에 대하여 임시의 지위를 정할 필요가 있을 때 하는 것으로 재산법상의 권리관계에 한하지 않는다.

• 가처분권자는 경매에서 가압류권자와 마찬가지로 이해관계인이 아니다.

• 가처분권자는 가처분이 정지조건부채권일 뿐이므로 경매의 배당에도 참여할 수 없다.

대표적인 가처분

• 점유이전금지 가처분

소송 등의 목적이 되는 물건에 대하여 권리관계 등을 가처분집행 당시 상태대로 보전해줄 것을 의뢰하는 것이다.

• 처분금지(*양도금지) 가처분

처분행위(*양도 및 저당설정 등)를 못하게 하는 것이다.

권리인수되는 후순위 가처분

후순위의 가처분등기는 매각으로 소멸하는 것이 원칙이다. 그러나 아래의 2가지 경우의 가처분등기는 후순위라도 소멸되지 않는다.

• 건물철거 및 토지인도청구권 보전을 위한 가처분

등기부상 토지와 건물의 소유자가 다른 상황에서 건물만이 경매로 나온 경우 건물철거에 대한 합의나 법정지상권 성립의 장애 사유로 인하여 토지소유자가 건물소유자를 상대로 건물철거 및 토지인도청구권 보전을 위하여 건물에 경료한 가처분등기는 순위에 관계없이 경매의 낙찰로 소멸되지 않으며, 설령 이런 가처분등기가 경매개시결정등기 이후에 경료된 것이라도 소멸되지 않는다.

• 피담보채권이 없는 선순위 근저당권 후의 가처분

선순위 근저당권이 피담보채권이 없는 형식상의 등기로만 존재하고 그 후순위로 가처분등기가 있는 경우도 소멸되지 아니한다.

실무상으로는 소멸되지 않는 선순위 가처분은 특별매각조건으로 표기하고 있고, 소멸되지 않는 선순위의 가처분이 있는 경우라면 매각절차를 진행하지 않는 것이 원칙이다.

가처분의 취소(*민사집행법 제307조)

보전처분집행(*가압류·가처분 등기) 후 3년간 본안의 소를 제기하지 아니하면 취소의 요건이 완성되고, 3년이 지난 후에 본안의 소를 제기하더라도 보전처분 취소의 효력은 발생한다(*대판 2004. 4. 9 선고 2002다58389). 단, 집행증서를 취득하였음을 이유로 가처분집행 후 3년 내에 본안의 소를 따로 제기하지 아니한 경우는 취소사유에 해당하지 않는다.

물건이 너무 마음에 들고 가격도 마음에 들어 입찰하여 매수해보기로 작정하고 등기부를 발급받아 등기부를 정리해보니 선순위로 가처분등기가 있다. 선순위 가처분등기는 소멸되지 않는 인수권리이다.

선순위 가처분등기가 인수되는 경우

다음과 같다고 가정해보자.

번호	접수일	내용	소멸 여부
1	2019. 6. 2	소유권이전금지가처분	인수 또는 소멸
2	2020. 6. 2	저당권	소멸
3	2021. 6. 2	가압류	소멸
4	2021. 6. 9	저당권자의 경매신청	

일단은 인수하여야 하고 소송의 결과에 따르므로 위험하다. 선순위 가처분이 있으면 매수인에게 소유권이 이전되더라도 가처분권은 잔존하게 되고, 이 가처분권자가 소송을 제기하여 재판에서 소유권에 관하여 승소를 하게 되면 매수인은 소유권을 잃게 되므로 가처분권자가 소송에서 패소할 것이라 확신하고 매수하는 경우라면 모르겠으나 재판의 결과가 반대로 나온다면 낭패를 보게 될 것이다.

선순위 가처분 등기가 소멸되는 경우

• 가처분권자가 승소 확정판결을 득한 후 경매신청을 하거나 배당요구를 하면 소멸된다.

• 가처분권자가 소송에서 패소하거나 가처분의 취소로 소멸된다.

참고로 가처분이 인수될 경우 가처분에 대한 금액이 적은 때에는 매수인이 가처분권자의 채권을 직접 변제하거나 그 금원을 법원에 공탁하여 해결함으로써 가처분을 소멸시킬 수도 있으므로 입찰시 가처분의 내용을 잘 확인해본 후 응찰하여야 한다.

가등기는 종국등기를 할 수 있는 실체적 또는 절차적 요건의 미비로 인하여 장래 그 요건이 구비된 후에 할 본등기의 순위를 보전하기 위하여 미리 하는 등기로서 소의 제기를 위한 보전처분이 아니다.

그러나 가압류나 가처분이 판결의 집행을 용이하게 하거나 확정판결을 받을 때까지 손해가 발생하는 것을 방지할 목적으로 상대방의 동의나 협조 없이 단독신청하여 등기하는 것과는 달리 가등기는 등기권리자의 단독신청으로 행할 수 있는 것이 아니며, 가등기도 등기의 일반원칙에 따라 가등기권리자와 가등기의무자가 공동으로 신청하는 것이 원칙이다. 단, 가등기의무자의 승낙서를 첨부한 경우(*이때 가등기의무자의 승낙서에 대한 진정성을 확인하기 위하여 가등기의무자의 인감증명서를 첨부) 가등기권리자의 단독으로 신청할 수 있다.

가등기의 의의

가등기란 변동이 일어날 수 있는 부동산의 청구권을 유지하기 위해 본등기의 순위보전확보를 위하여 하는 임시적인 예비등기를 말한다.

다시 말해서 등기청구권에 의한 권리실행이 조건부 혹은 다른 사정에 의하여 법적 요건을 갖추지 못하여 본등기를 하지 못하고 있는 동안에 제3자가 그 부동산에 관하여 물권을 취득하게 되면 그에 대항할 수 없게 되므로 이 청구권의 순위를 미리 확보해 둘 수 있는 방안을 강구한 등기가 가등기이다.

가등기의 목적

가등기는 소유권, 지상권, 지역권, 전세권, 저당권, 권리질권, 임차권 등 권리의 설정, 이전, 변경 또는 소멸의 청구권을 보전하려 하기 위함이다.

가등기의 특성

• 가등기에 기한 본등기의 순위는 가등기의 순위에 의하며 본등기를 하여야만 효력이 발생한다. 1순위인 가등기가 본등기를 경료하면 본등기 전에 있는 등기부상의 많은 권리들을 제치고 바로 1순위가 된다.

• 가등기는 공시의 역할을 하기는 하지만 저당권과는 달리 채권액수, 채무자, 변제기 등은 공시되지 않는 것이 일반적이다.

• 등기부만으로는 보통 보전가등기와 담보가등기를 구분할 수 없다.

가등기의 분류

• 보전가등기(소유권이전청구권가등기)

소유권이전청구권의 순위를 보전하기 위한 본래의 가등기로 등기원인은 '매매예약'이다.

- 담보가등기(소유권이전담보가등기)

채권담보의 목적으로 이루어지는 가등기로 등기원인은 '대물반환예약'
이다.

가등기담보 등에 관한 법률

경매의 청구(제12조)

① 담보가등기권리자는 그 선택에 따라 제3조에 따른 담보권을 실행
하거나 담보목적부동산의 경매를 청구할 수 있다. 이 경우 경매에 관
하여는 담보가등기권리를 저당권으로 본다.

② 후순위권리자는 청산기간에 한정하여 그 피담보채권의 변제기 도래
전이라도 담보목적부동산의 경매를 청구할 수 있다.

우선변제청구권(제13조)

담보가등기를 마친 부동산에 대하여 강제경매 등이 개시된 경우에 담
보가등기권리자는 다른 채권자보다 자기채권을 우선변제 받을 권리
가 있다. 이 경우 그 순위에 관하여는 그 담보가등기권리를 저당권으
로 보고, 그 담보가등기를 마친 때에 그 저당권의 설정등기가 행하여
진 것으로 본다.

강제경매 등의 경우의 담보가등기(제14조)

담보가등기를 마친 부동산에 대하여 강제경매 등의 개시 결정이 있는
경우에 그 경매의 신청이 청산금을 지급하기 전에 행하여진 경우(청산금
이 없는 경우에는 청산기간이 지나기 전)에는 담보가등기권리자는 그 가등기
에 따른 본등기를 청구할 수 없다.

담보가등기권리의 소멸(제15조)

담보가등기를 마친 부동산에 대하여 강제경매 등이 행하여진 경우에는 담보가등기권리는 그 부동산의 매각에 의하여 소멸한다.

강제경매 등에 관한 특칙(제16조)

① 법원은 소유권의 이전에 관한 가등기가 되어 있는 부동산에 대한 강제경매 등의 개시결정이 있는 경우에는 가등기권리자에게 다음 각호의 구분에 따른 사항을 법원에 신고하도록 적당한 기간을 정하여 최고하여야 한다.

1. 해당 가등기가 담보가등기인 경우 : 그 내용과 채권(이자나 그 밖의 부수채권을 포함한다)의 존부·원인 및 금액

2. 해당 가등기가 담보가등기가 아닌 경우 : 해당 내용

② 압류등기 전에 이루어진 담보가등기권리가 매각에 의하여 소멸되면 제1항의 채권 신고를 한 경우에만 그 채권자는 매각대금을 배당받거나 변제금을 받을 수 있다. 이 경우 그 담보가등기의 말소에 관하여는 매수인이 인수하지 아니한 부동산의 부담에 관한 기입을 말소하는 등기의 촉탁에 관한 '민사집행법' 제144조제1항제2호를 준용한다.

③ 소유권의 이전에 관한 가등기권리자는 강제경매 등 절차의 이해관계인으로 본다.

12 선순위 가등기가 있을 때의 권리분석

입찰하고자 하는 물건에 선순위 가등기가 있는 경우는 그 가등기를 잘 확인해 볼 필요가 있다. 왜냐하면 인수되는 경우와 소멸되는 경우가 있기 때문이다.

예) 선순위의 가등기가 인수되는 경우 및 소멸되는 경우

번호	접수일	내용	소멸 여부
1	2017. 6. 2	소유권이전청구권가등기	인수 또는 소멸
2	2018. 6. 2	저당권	소멸
3	2019. 6. 2	가압류	소멸
4	2020. 6. 2	임차권	소멸
5	2021. 6. 2	저당권자의 경매신청	

인수되는 경우

소유권이전청구권가등기가 선순위인 경우에는 경매목적부동산이 매각되더라도 가등기는 말소되지 않고 그대로 남아 매수인이 인수하여야 하므로 위험하다. 왜냐하면 소유권이전 후 말소되지 않고 매수인에게 인수된 가등기권자가 가등기의 순위로 본등기를 경료하면 소유권이 바뀌게 되어 매수인이 낭패를 보기 때문이다.

소멸되는 경우

• 선순위 소유권이전청구권가등기라도 경매법원의 최고에 의하여 채 권담보의 목적으로 경료한 것이라고 신고된 가등기(*배당요구신청 유무에서 도 알 수 있고, 경매신청채권자인지의 여부에서도 알 수 있음)는 소멸된다. 이때의 보전 가등기는 담보가등기라 볼 수 있고, 이런 보전가등기는 담보가등기와 같이 저당권으로 취급되므로 선순위로서의 배당을 받으면 소멸된다.

• 소유권이전청구권가등기가 아닌 소유권이전담보가등기는 저당권으 로 취급되므로 선순위인 경우라도 소멸되는 권리이다.

• 소유권이전청구권가등기라도 10년이 넘도록 본등기를 하지 않은 소 유권이전청구권가등기는 소유권이전등기청구권을 채권적 청구권으로 보기 때문에 소유권이전청구권은 10년의 소멸시효에 걸리게 된다(*제척 기간의 도과). 그러므로 이런 경우의 소유권이전청구권가등기는 비록 선순 위이더라도 말소청구의 대상이 된다.

그러나 제척기간 10년이 경과하였더라도 가등기권리자가 당해 물건에 점유를 하고 있다면 소멸시효의 중단으로 보아 말소가 되지 않음에 유 의하여야 한다.

제척기간과 소멸시효 중단사유

제척기간

어떤 종류의 권리에 대하여 법률상으로 정하여진 존속기간을 말하는 데, 일정기간 내에 권리를 행사하지 않으면 해당 권리가 소멸된다는 점 에서는 소멸시효와 비슷한 개념이다. 그러나 소멸시효와는 달리 제척

기간은 시작일로부터 중단이나 정지 없이 연속된 기간을 말한다.

소멸시효 중단사유

점유, 재판상 청구, 압류·가압류, 가처분, 승인 등이 있다. 그러나 가등기가처분은 통상의 민사소송법상의 가처분과는 그 성질을 달리하는 것이므로, 이러한 가등기가처분은 민법 제168조 제2호에서 말하는 소멸시효의 중단사유의 하나인 가처분에 해당하지 않는다(*대판 93다16758).

소유권이전청구권가등기가 정지조건부 권리인 경우

소멸시효의 기산점인 권리를 행사할 수 있는 때의 의미와 정지조건부권리의 경우 조건 미성취 동안 소멸시효의 진행 여부(대판 1992. 12. 22. 선고 92다28822 [나])

소멸시효는 권리를 행사할 수 있는 때로부터 진행하며 여기서 권리를 행사할 수 있는 때라 함은 권리행사에 법률상의 장애가 없는 때를 말하므로 정지조건부권리의 경우에는 조건 미성취의 동안은 권리를 행사할 수 없는 것이어서 소멸시효가 진행되지 않는다.

등기부상 '소유권이전청구권가등기'로 된 경우

실제로 등기부상에서 보전가등기나 담보가등기는 모두 '소유권이전청구권가등기'로 표시되어 있어 등기부등본만으로는 이를 구별하기가 어렵다. 따라서 선순위 가등기권자로부터 직접 확인하거나 법원경매정보 사이트의 법원기록 〈문건송달내역〉, 〈문건처리내역〉, 〈접수내역〉을 통하여 배당요구의 사실이 있는지를 꼼꼼히 살펴보아야 한다.

소유권이전등기청구권은 채권적 청구권

가등기에 기한 소유권이전등기청구권이 시효의 완성으로 소멸된 경우 그 가등기 이후에 부동산을 취득한 제3자가 그 소유권에 기한 방해배제청구로서 그 가등기권자에 대하여 본등기청구권의 소멸시효를 주장하여 그 등기의 말소를 구할 수 있다(*대판 90다카27570).

예외적으로 인수되는 담보가등기

담보가등기는 소멸주의가 원칙이나 예외적으로 담보가등기가 인수되는 경우가 있다. 이는 경매개시결정등기 전에 담보가등기권자가 청산절차를 완료한 경우이다.

그러나 담보가등기가 경료된 부동산에 대하여 경매개시결정등기 후에 청산절차가 완료된 경우에는 담보가등기권자는 그 가등기에 기한 본등기를 청구할 수 없다.

담보가등기권자로서 청산금의 지급만으로 본등기의 경료 없이 바로 담보목적물의 소유권을 취득하는 것은 아니다. 그러나 청산금을 지급한 이상 비록 본등기를 하지 않았다 하여도 사실상 소유권을 취득한 상태라고 볼 수 있는 것이다.

> **소유권이전청구권가등기권자가 본등기를 한 것이 아닌 매매 등으로 소유권이전을 한 경우**
>
> 특정 물건에 관한 채권을 가지는 자가 그 물건의 소유자가 된 사정만으로 그 물건에 관한 채권이 혼동으로 소멸하지 않는다고 하였고, 가등기권자가 본등기절차에 의하지 아니하고 가등기설정자로부터 별도의 소유권이전등기를 경료받은 경우에는 혼동의 법리에 의하여 가등기권자의 본등기청구권도 소멸하지 않는다고 하고 있다(*대판 2004다 59546).

13   예고등기

예고등기제도의 폐지

예고등기제도는 선의의 제3자를 보호하고 부동산거래의 안전을 확보하기 위하여 수소법원에서 해당 부동산의 권리에 대하여 법적으로 계쟁관계에 있음을 공시하여 물권거래의 안전을 도모해주던 제도였다. 그런데 본래의 입법취지와는 다르게 등기명의인의 권리행사를 제약하는 등 강제집행절차를 방해할 목적으로 악용되는 경우가 많아 결국 예고등기제도가 2011. 10. 13부터 폐지되었다. 따라서 예고등기제도가 없어진 후에 경매대상물건에 대한 소송의 공시는 '금지가처분 등기'를 통해서 알 수 있게 될 것이다.

예고등기의 의의

• 예고등기란 등기원인의 무효 또는 취소에 의한 등기의 말소 또는 회복의 소가 제기된 경우에 이를 제3자에게 경고하기 위하여 수소법원의 직권으로 촉탁하여 예고하는 등기이다.

• 수소법원의 직권에 의한 촉탁으로 등기를 하며, 소송이 제기된 등기원인이 갑구에 기재한 것이면 예고등기도 갑구에 행하고, 을구에 기재된 것이면 예고등기도 을구에 행한 것이다.

예고등기제도의 폐지로 소멸

예고등기의 말소는 그 소가 원고의 불이익으로 끝나는 경우 수소법원이 예고등기의 말소를 등기소에 촉탁하고, 그 소가 원고의 이익으로 끝나는 경우에는 원고승소의 판결 등에 의한 말소 또는 회복의 등기가 행하여진 때에는 등기관이 예고등기를 직권으로 말소하는 것이었는데, 예고등기제도가 2011. 10. 13에 폐지되어 10년이 지나는 이 시점에서도 간간히 경매사건에서 예고등기를 볼 수 있는 것은 관련 소송이 대부분 끝이 났고, 그래서 예고등기가 말소되어 있어야 함에서 말소되지 못한 것이므로 낙찰 후 예고등기말소를 촉탁신청하면 된다.

참고로 부동산등기법 2020. 2. 4 일부개정 법률 제16912호의 시행일인 2020. 8. 5 전까지 말소되지 아니한 예고등기는 등기관이 직권으로 말소한다.

환매등기의 의의

환매등기란 주택을 팔기로 한 매매계약과 동시에 하는 계약으로 일정한 기간 내에 그 주택을 다시 매수(*환매)하기로 하는 것을 말하는 것이며, 이의 내용을 등기하는 것을 환매등기라 한다. 즉 채무자가 돈을 빌리면서 담보로 제공한 부동산을 채권자에게 일단 소유권을 넘겨주고 환매등기를 한 후 후일 일정한 기간 내에 채무를 갚으면 부동산의 소유권을 다시 찾아오게 할 수 있는 등기가 환매등기이다.

환매등기의 특성

• 환매권은 저당권과 비슷한 기능인 매도담보 성격을 가지며, 환매권은 양도할 수 있다.

• 환매등기는 소유권이전등기를 하여야 대항할 수 있으며, 소유권이전등기에 부기등기함으로써 제3자에 대하여 효력이 있다.

• 매도인은 기간 내에 대금과 매매비용을 매수인에게 제공하지 아니하면 환매할 권리를 잃는다.

환매기간

환매기간은 계약이 성립한 날부터 계산하고, 환매기간은 부동산은 5

년, 동산은 3년을 넘지 못하며, 환매기간을 정한 때에는 다시 연장하지 못하는 강행규정이다. 그리고 환매기간을 정하지 아니한 때에는 부동산은 5년, 동산은 3년으로 한다.

환매등기의 인수 및 소멸

• 환매등기의 인수

환매등기가 선순위이고 그 환매기간이 남아있다면 매각으로 소멸되지 않고 매수인이 인수한다.

• 환매등기의 소멸

말소기준권리보다 후순위의 환매등기는 소멸한다. 그리고 선순위 환매등기라도 환매기간이 지났다면 소멸한다. 또한 환매기간이 지났다면 환매권자는 환매권을 행사할 수 없다.

15   선순위 환매등기가 있을 때의 권리분석

선순위 환매등기는 소멸되는 것이 있고 인수되는 것이 있으므로 그 환매기간을 잘 따져보아 입찰에 응하여야 한다.

예) 선순위의 환매등기가 있다고 가정해보자.

번호	접수일	내용	소멸 여부
1	2018. 6. 2	환매특약등기	인수
2	2019. 6. 2	저당권	소멸
3	2020. 6. 2	압류	소멸
4	2021. 6. 2	임차권	소멸
5	2021. 9. 2	매각대금 납부	

인수되는 경우

환매등기가 선순위이고 그 환매기간이 남아 있다면, 매각으로 소멸되지 않고 매수인이 인수하여야 한다. 매수인이 환매등기를 인수한다는 것은 소유권이전과 동시에 매수인은 환매의무자가 된다는 것을 의미한다. 즉 등기부상 환매권자가 환매대금을 환매의무자(*매수인)에게 지급하면 소유권을 이전해주어야 한다.

그리고 매각가와 환매대금을 비교하여 환매대금이 매각가보다 많다면

230   부동산 경매·명도 절차와 권리분석 공식 완전 정복

환매등기를 인수하였더라도 매수인에게는 유리하지만 환매대금이 매각가보다 적다면 매수인에게 불리하게 될 것이다.

그러므로 선순위의 환매등기가 그 환매기간이 남아 있다면 환매권자(*매도자)가 환매권을 행사하면 매수인은 불측의 피해를 볼 수가 있으므로 환매기간이 지난 물건인지를 정확히 알아 본 후 응찰하여야 할 것이다.

소멸되는 경우

말소기준권리보다 후순위이면 환매등기는 소멸한다. 그리고 선순위 환매등기라도 환매기간(*부동산은 5년)이 매각대금을 납부한 날을 기준으로 5년을 도과했다면 일단 인수 후 환매권자를 상대로 말소청구의 소에서 확정판결 득한 후 소멸시키면 된다.

부동산 경매·명도 절차와
권리분석 공식 완전 정복

제1판 1쇄 | 2022년 1월 11일

지은이 | 김규석
펴낸이 | 유근석
펴낸곳 | 한국경제신문 *i*
기획제작 | (주)두드림미디어
책임편집 | 우민정   디자인 | 얼앤똘비악earl_tolbiac@naver.com

주소 | 서울특별시 중구 청파로 463
기획출판팀 | 02-333-3577
E-mail | dodreamedia@naver.com
등록 | 제 2-315(1967. 5. 15)

ISBN   978-89-475-4778-9 (03320)

**책 내용에 관한 궁금증은 표지 앞날개에 있는 저자의 이메일이나
저자의 각종 SNS 연락처로 문의해주시길 바랍니다.**

책값은 뒤표지에 있습니다.
잘못 만들어진 책은 구입처에서 바꿔드립니다.

한국경제신문 *i* 부동산 도서 목록

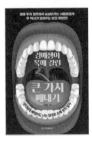

한국경제신문 *i* 부동산 도서 목록

한국경제신문 i 부동산 도서 목록

한국경제신문i 부동산 도서 목록

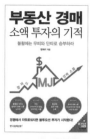

㈜두드림미디어 카페. (https://cafe.naver.com/dodreamedia)